AF267751

MONSIEUR LOUIS BONAPARTE

AU

CONFESSIONNAL.

CONSÉQUENCES FATALES DU 2 ET 4 DÉCEMBRE, D'APRÈS LE 18 BRUMAIRE.

VRAIS PATRIOTES !

Tout prôneur d'un parti présentement doit être considéré comme TRAÎTRE ou INFAME, à bas le parjure, l'imposteur, le brigand du 4 décembre, dont tous les actes et tous les décrêts tendent à conduire la France à une BANQUEROUTE GÉNÉRALE et à une TROISIÈME INVASION.

"C'est dans le despotisme que disparaissent les empires, en abusant de tout les moyens, en tuant les âmes encore plus que les corps, il amène tôt ou tard la dissolution et la conquête. Il n'y a point d'exemple d'une nation libre qui ait péri par une guerre entre les citoyens, et toujours un état courbé sous ses propres orages s'est relevé plus florissant."—*Chateaubriand.*

TROISIÈME ÉDITION.

LONDON:
EFFINGHAM WILSON, PUBLISHER,
11, ROYAL EXCHANGE.
1854.

Price One Shilling.

LE DESPOTISME EST ÉMINEMENT PERTURBATEUR
SA NATURE; IL EST EN DEHORS DE LA LOI
DES SOCIÉTÉS; IL EST L'ANARCHIE EN UN SEUL
HOMME.

écrivant sur les destinées fatales de la France, j'ai continuellement présent ces mots de Rousseau. " Les faits changent de forme dans la tête de l'auteur; ils se moulent sur ses intérêts; ils prennent la teinte de ses préjugés."

Lors de l'élection du dix Décembre, j'ai dit, que la présidence de la république, confiée à M. Louis Bonaparte, était un grand malheur; car c'était le seul nom, secondé par les anciens Carlistes, qui pouvait diviser le grand parti de l'ordre et égarer l'armée. En livrant mes observations à la publicité, mon seul bût est de conjurer de grandes calamités. Ma conviction et mon pressentiment ont guidé ma plume.

W. AUGERAUD,
Élève de l'Ecole de St. Cyr,
Ancien Officier d'Afrique.

CHAPITRE I.

Vrais Patriotes !

Le coup d'état virtuellement accompli depuis la loi
du 31 mai 1850 fut exécuté le 2 décembre ; le trois au
matin tout était fini : pendant la nuit l'armée avait été
enrolée. Le dévouement sublime, mais tardif du représentant Baudin [1] sur la place de la Bastille, constata
d'une manière irréfragable le succès du traître, du parjure Louis Bonaparte. Mais le prisonnier de Ham
n'avait point l'intention de maintenir la nouvelle constitution qu'il proposait au peuple français. M. L.
Bonaparte n'a point oublié ses propres paroles devant
la chambre des pairs ; qu'il ne pourra être satisfait que
quand il aura donné à la France ses limites naturelles.
Les deux 2 décembre 1851 et 1852 vous prouvent
qu'il n'abandonne point une idée, car il a écrit à Ham :
rarement les grandes entreprises réussissent du premier
coup. Je veux vous montrer que tous ses actes depuis
cette fatale date, sont dictés par cette idée fixe, la
guerre. J'espère que personne ne me conteste que

---

[1] Sa place est marquée sur la colonne Vendôme pour rappe-
ler à tout Français son devoir, au lieu de Bonaparte le sangui-
naire, le parjure du 18. Brumaire, qui dota la France de deux
invasions, les plus irrémissibles des crimes, et, comme cou-
ronnement de ses œuvres, encouragea par des dons l'assassinat
d'un ennemi généreux, Wellington.—Du Bourreau de Topino
le Brun, d'Arena, etc., etc.—De l'assassin du général Pichegru,
du duc d'Enghien, du général Hoche.—Du boucher de 5,000,000
de Français.—Du mensonge incarné, étalé dans toute sa splendeur aux yeux de la jeunesse par des insensés ; dont nous ré-
coltons aujourd'hui les fruits passablement amers.

toute sa conduite depuis le 24 février jusqu'au 2 décembre 1851, près de 4 ans, fut guidée par son idée fixe, le coup d'état.

Car rappelez vous ses trois lettres à la constituante élu par trois départemens. Dont voici les principaux fragments:

1º Je désavoue tous ceux qui me prêtent des intentions ambitieuses que je n'ai pas....

2º Je désire l'ordre et le maintien d'une république sage, grande et intelligente.

3º Serait-ce pour avoir toujours publiquement déclaré que dans mon opinion la France n'était point l'apanage ni d'un homme, ni d'une famille, ni d'un parti.

Rappelez vous sa 4ᵉ lettre pour refuser l'élection de la Corse.

Lisez avec attention cette proclamation lancée de Boulogne, lors de son retour en France; ayant accepté l'élection des *Parisiens*. Je viens répondre à l'appel que vous avez fait à mon patriotisme, la mission que vous m'imposez est glorieuse.... frères et citoyens ce n'est pas un *prétendant,* que vous recevez au milieu de vous; ce n'est pas inutilement que j'ai médité dans l'exil. Un prétendant, *c'est un fléau*; je ne serai pas le vôtre, je ne serai jamais ni ingrat ni infame, c'est comme républicain démocrate sincère et ardent que je me présente à vous. Dans chaque Français je verrai toujours un frère.

Les droits de chacun seront mes droits, jamais je n'essaierai de m'envelopper dans la pourpre impériale, que mon cœur se dessèche en ma poitrine le jour où j'oublierais ce que je vous dois à tous, ce que je dois à la France.

Que ma bouche se ferme pour toujours, si je prononçais jamais un mot, un blasphême, contre la souveraineté républicaine du peuple français.

Que je sois maudit le jour ou par faiblesse je permettrais qu'on propageat à l'abri de mon nom, des doctrines contraires au principe démocratique qui doit diriger le gouvernement de la république; que je sois condamné aux gémonies, le jour ou, coupable et traître, j'essaierais de porter une main sacrilège, sur les droits du peuple; soit de son aveu en le trompant; soit contre son aveu, par la force, et la violence.

Et maintenant croyez en moi comme je crois en vous, et qu'un même cri sorte de toutes nos poitrines; comme une prière adressée au ciel,

Vive à jamais la république

(signé) LOUIS BONAPARTE.

Rappelez vous que le 21 septembre 1848 M. Louis Bonaparte monta à la tribune et dit: toute ma vie sera consacrée à l'affermissement de la république; qu'il publia un manifeste, qui peut se traduire ainsi : liberté, progrès, démocratie, amnistie, abolition des décrets de proscription et de banissement.

Le 20 décembre 1848 le président de l'assemblée ayant lu en présence de Dieu, et devant le peuple français, représenté par l'assemblée nationale: Je jure de rester fidèle à la république démocratique une et indivisible, et de remplir tous les devoirs que m'impose la constitution,

Du haut de la tribune M. Louis Bonaparte levant la main droite d'une voix ferme et haute, répondit:

Je le jure.

Il demanda la parole, et dit..... Il termina ainsi: Les suffrages de la nation, et le serment que je viens de prêter commandent ma conduite future; mon devoir est tracé, je le remplirai en *homme d'honneur.* Je verrai des ennemis de la patrie, dans tous ceux qui tenteraient de changer par des voies illégales, ce que la France entière à établi.

Décembre 1849 dans son message à l'assemblée: je veux être digne de la confiance de la nation, en maintenant la constitution que j'ai jurée.

Le 20 juillet 1849 lors de l'inauguration du chemin de fer de St. Quentin il était allé à Ham, il dit: Aujourd'hui qu'élu de la France entière, je suis devenu le chef légitime de cette grande nation, je ne saurais me glorifier d'une captivité, qui avait pour cause l'attaque contre un gouvernement régulier. Quand on a vu combien les révolutions les plus justes entraînent de maux après elles; on comprend à peine l'audace d'avoir voulu assumer sur soi la terrible responsabilité d'un changement. Je ne me plains donc pas d'avoir expié ici, par un emprisonnement de six années, ma témérité contre les lois de ma patrie; et c'est avec bonheur, que dans ces lieux mêmes où j'ai souffert, je vous propose un toast en l'honneur des hommes, qui sont déterminés malgré leurs convictions à respecter les institutions de leur pays.

Le 4 septembre, à Caen.—Lorsque partout la prospérité semble renaître, il serait bien coupable, celui qui tenterait d'en arrêter l'essor par le changement de ce qui existe aujourd'hui.

Dans son message du 12 novembre 1851 à l'assemblée: Il est aujourd'hui permis à tout le monde excepté à moi de vouloir hâter la revision de notre loi fondamentale. Si la constitution renferme des vices, des dangers, vous êtes tous libres, moi seul lié par mon serment, je me renferme dans les strictes limites qu'il m'a tracées.

Le 20 novembre, 1851, M. F—— représentant du peuple dînait à l'Elysée. M. L. Bonaparte lui demande, que dit-on?—Tout le monde parle d'un coup d'état.—Y croyez vous!—Non.—M. Louis Bonaparte lui prenant la main, le remercie; et lui dit, au moins vous ne me prenez pas pour un *coquin.*

« On préparait à Mazas des logemens aux généraux. Oh! infamie. France! France!

Je veux prouver, dis-je, que sa conduite depuis le 2 décembre mûrement refléchie antérieurement, est basée sur cette idée fixe: la guerre. Personne ne m'objecte, que son retour en Angleterre est une combinaison hypocrite, après avoir appelé l'attention publique ; particulièrement après avoir vu de ses propres yeux, que le nom du premier parjure Bonaparte, l'homme du 18 brumaire, était le prestige vivant de l'époque. Certainement le brigand de Strasbourg, de Boulogne et du 2 décembre était peu anxieux, que sa présence fut une cause de trouble, comme il l'affirme dans ses trois lettres à la constituante. Aucun représentant ne me refute qu'une fois président, il travailla assidument à miner la constitution; à fomenter la scission dans la chambre; à paralyser le commerce; à inquiéter les esprits. Pas un ambitieux intrigant me dénie que les legitimistes avaient mis en M. Louis Bonaparte leurs espérances, que tous les membres de la rue de Poitiers en prêchant l'élection du conspirateur de Strasbourg et de l'assassin de Boulogne, inauguraient dans leur pensée un troisième coup de main. Pas un Français m'objecte, cette élection de 5,000,000; résultat des manœuvres du clergé, quoi qu'elle ne vaille pas certes les 2,000,000 de voix données au brave et désinteressé Cavaignac: conséquence de la stupidité du suffrage universel;[1] l'espérance des ambitieux, et non

[1] Vrais républicains, n'oubliez pas mes paroles. La république acclamée si le suffrage d'abord n'est pas limité, et s'il n'a pas pour base un certain degré d'instruction; quatre ans après la France sera sous un régime despotique ; avec le suffrage universel, le clergé, cet étai du despotisme, est maître de la patrie ; et ces révolutionnaires acharnés, grands admirateurs des mystères, de l'occulte, de la clandestinité, de l'ignorance, de l'intolerance, et de la superstition, vous ont déjà donné, aux 20 et 21 Décembre, 1851, une preuve palpable de leur savoir faire en menant béatement la gent moutonnière au scrutin.

des vrais patriotes. Personne ne me conteste que les partis travaillés par les décembristes, et bercés adroitement dans leurs esperances par les soudards de cette foi mentie, étaient plus acharnés avant le 2 décembre, que lors de l'élection du Dix. Pas un homme énergique me réfute que les banquets de l'Elysée, où M. L. Bonaparte et le ministre de la guerre enseignaient aux sous-officiers la trahison, le verre en main, et d'où sortaient les cris séditieux de "Vive l'Empereur!" à la porte de l'Assemblée, comme un défi aux gardiens de la constitution, étaient des excitations à la haine et au mépris du gouvernement, qui exigeaient une mise en accusation. Tous les vrais Français confessent que la proposition de M. Louis Bonaparte par rapport au rétablissement du suffrage universel, quelques mois avant l'époque du fameux ogre imaginaire, était un motif plus que suffisant pour le mettre hors la loi; mais les ultra montains, les ultra socialistes, et tous les chauvins qui avaient envahi la chambre sous le protectorat de ce nouveau Caligula avaient mis en M. L. Bonaparte leur espoir de cupidité et d'ambition.

Français!

N'oubliez point les ovations faites à M. Michel de Bourges, à Lyon conduites par des décembristes, lors du procès de Longomazino, Gent et Ode en septembre 1851, soldées par le sauveur de la famille, de la propriété, de la réligion. Rappelez vous les 200 ou 250 voix données à M. Michel de Bourges,[1] quêtées par le socialiste, M. Louis Bonaparte pour la présidence de l'assemblée legislative, le 4. novembre, 1851. Ayez

---

[1] M. Louis Bonaparte a tiré un triple parti de M. Michel de Bourges. 1. Il a flatté l'homme, les siens et leurs espérances; 2. Il a encouragé les vrais communistes dont les membres de sa bande noire sont les chefs; 3. Il a effrayé les imbéciles et a fait hésiter l'homme de cœur.

toujours présent les émeutes préalables de la Nièvre à l'instar des barricades des boulevards, suscitées par la Société du Dix Décembre en Septembre et Octobre 1851. Puis ces mines de poudre dans des champs près de Rouen, découvertes, dues à la sagacité Napoléonienne. Et vous ne pourrez contester le raisonnement que je vais vous faire; qui ne constitue point la capacité mais seulement la fourberie de l'écume du parjure du 18 Brumaire.

Le coup d'état ignominieusement tramé, accepté par tous les partisans de l'ordre,—à quelques exceptions près, des clairvoyants. Par le peuple qui a applaudi au suffrage universel, et par l'armée qui acclamait le nom; ainsi le triomphe de M. Louis Bonaparte était bien complet. Mais pour un Bonaparte, pour un Corse, car tous les habitans du Golo sont aussi ambitieux, qu'ils sont menteurs, insinuants, et rampants, ces enfants du Botany-Bay de l'ancienne Rome. Etre le premier citoyen de la France, ou être l'empereur des Francais, comme Louis Philippe fût roi des Francais. C'est bien au dessous du neveu de l'homme qui abandonna son armée en Egypte, pour échapper plus facilement aux croisières Anglaises. Qui l'abandonna dans les glaçons de la Bérésina, pour venir se chauffer aux Tuileries. Qui l'abandonna à Leipsick pour venir prendre de nouveau la France à la gorge; pour lui voler son or et ses enfans; pour courir à Brienne ou à Montmirail augmenter son histoire de quelques pages. Pour le neveu de l'imposteur qui reconnaissant son impuissance, dans sa rage inouie ne recula point devant l'idée infame, de livrer un passage aux ennemis de la France, sur la capitale de ce beau pays; pour, en incendiant Paris, anéantir quelques Autrichiens, Prussiens, et Russes. Pour le neveu du comédien qui sentant son impotence dans ce calcul infernal, ne recula point devant un prétendu empoisonnement, pour reveiller cet enthousiasme du soldat dont il avait abusé si souvent. Pour le digne neveu du brigand, qui après avoir doté la France épuisée, d'une invasion, porta le crime au paroxysme en débarquant quelques mois après, parjure à l'Europe, et marchant sur Paris sans se préoccuper des probabilités d'une guerre civile; non pour accepter la paix, mais pour recommencer la guerre; pour entreprendre une nouvelle lutte, avec la France divisée, sans hommes, sans argent, sans materiel, sans places fortes, contre l'Europe entière, qui avait en horreur le nom de Français, mais bien plus celui de Bonaparte. Pour le digne neveu du lâche qui a fini misérablement à Waterloo,[1] où il est resté trois heures caché dans un pli de terrain malgré l'héroisme et les acclamations de la vieille garde et qui a fui toute une nuit devant le

[1] Lisez la Restauration par M. Lamartine. Waterloo, chap. xxv.

M. Lamartine, liv. I., chap. ii. : "La campagne de Moscou avait embrassé le monde sans pouvoir l'étreindre ; il l'avait dirigée avec mollesse, poursuivie avec aveuglement, achevée avec insouciance, expiée avec insensibilité. Il n'y avait pas un officier de son armée qui n'eut mieux conduit, ou mieux ramené ces restes de 700,000 hommes, dignes d'un autre Xenophon. Il était revenu en poste de la Bérésina aux Tuileries sans jeter un regard derrière lui. Sa diplomatie n'avait pas été moins aveugle et moins hésitante que sa campagne."

Chateaubriand : " Quant à ses guerres, à sa conduite avec les cabinets de l'Europe, le moindre examen en détruit le prestige : un homme n'est pas grand parce qu'il entreprend, mais parcequ'il exécute ..... Il n'entend rien aux retraites et à la chicane du terrain : il est impatient, incapable d'attendre longtems un résultat, fruit d'une longue combinaison militaire : il ne sait qu'aller en avant, faire des pointes, courir, remporter des victoires, comme on l'a dit, *à coup d'hommes* ; sacrifier tout pour un succès sans s'embarasser d'un revers. Buonaparte s'est montré trop médiocre dans l'infortune pour croire que sa prospérité fut l'ouvrage de son génie."

sabre de Blucher blessé, malgré les efforts surnaturels de 40,000, restes de 120,000 qui tentèrent neuf fois de resister; maints officiers se sont fusillés mutuellement; honteux de l'inertie et de la pusillanimité de leur chef, auquel ils avaient voué un dévouement sacrilège. Pour le neveu du Corse, qui savait que pour faire une descente en Angleterre, il fallait que lui Bonaparte traversât la Manche; que les soldats de Crécy, de Poitiers, et d'Azincourt pourraient fort bien ne point se laisser battre, ou subir un ou deux échecs, et secourus par la nation entière le rejeter à la mer; où cette invincible marine, lui aurait certainement barré tout passage. Voici probablement pourquoi cet exécrable despote (qui demandait un jour à un évêque, si son fils avait une âme. Qui disait en 1812, " Il y a encore quelques personnes heureuses en France, qui ne me connaissent pas; qui vivent à la campagne avec 20,000 ou 40,000 livres de rente, mais je saurai bien les atteindre," qui après s'être attribué le monopole des tabacs, des sels, des laines, des denrées coloniales, comme M. L. Bonaparte déjà des céréales, s'était fait l'unique marchand de mon pays; qui dans les dernières années de ce règne corrupteur, les impôts doublés et triplés ne lui suffisant plus, le produit de la Louisiane dissipé, s'empara de l'administration des funérailles; il était naturel du destructeur des Français de lever un impôt sur leurs cadavres. Qui enfin nos caisses vides, sous prétexte de distribuer des aliments aux pauvres, préleva des centimes additionnels. Comme M. L. Bonaparte, sous prétexte de venir aux secours des indigents, donne au comte d'Argout à 42 centimes le pain de 50 centimes, et fait travailler aujourd'hui le boulanger pour être payé demain (*free trade*), pour décreter un emprunt de 24 millions à la solidarité de la ville de Paris) préferait combattre en Allemagne, en Russie, ou en Belgique; au moins quand le sort ne lui était pas favorable, il pouvait se sauver comme à Leipsick, comme à la Bérésina, comme à Waterloo.

Entrons dans nôtre sujet; M. Louis Bonaparte a deshonoré l'armée pour établir en France un gouvernement archi-despotique, et restaurer des institutions anti-sociales, pour que le soldat demande la guerre pour se laver du sang de ses concitoyens; et que le gouvernement Français constitué d'après le système du 18 brumaire ne puisse pas s'opposer à une guerre Européenne; conséquence et de la position faite à l'armée et de la situation faite à la France. Le coup d'état tacitement agréé, M. L. Bonaparte persuade la garnison de Paris, traitreusement garrottée nuitament après force libations, par un vote nominal, qu'elle a été humiliée par le peuple en 1830 et en 1848; qu'elle a une revanche à prendre, et qu'il la faut éclatante. Pour motiver ce crime des crimes, plus odieux encore dans la conception que dans l'exécution; archi inutile pour la réussite du coup d'état, dont l'unique but était de l'exploiter pour mettre les menottes à tous les Français. Après des reconnaissances de ses champions dans les Faubourgs St. Marceau et St. Antoine, qui constatèrent explicitement que ces quartiers populeux n'étaient point en fermentation; pour légitimer cet attentat infernal, M. Louis Bonaparte fait élever par des Sbires, des barricades dans les quartiers riches de la capitale; il laisse les Parisiens affluer sur les boulevards comme les jours précédents, puis les fait occuper successivement par des soldats, au fur et à mesure que la foule grossit: et à un moment ordonné quelques décembriseurs placés sur differents points font feu. C'est le signal: à ces détonations l'armée qui entend depuis longtemps et principalement depuis deux jours qu'elle a deux échecs à réparer, que le peuple a l'intention après l'avoir desarmée, de la faire passer sous les fourches caudines, excitée par du vin versé à profusion, encouragée par des généraux aveugles, et des colonels abrutis, fous d'ambition; achetés avec une croix ou un grade; commandée par St. Arnaud et Magnan, qui avaient tous les deux un pied à Bicêtre; les troupes, magnetisées par des paroles perfides, que nos malheureuses journées de Juin rendaient vraisemblables, saturées d'eau-de-vie, ripostent, l'effet de la poudre se mêle à celui du vin, le soldat ainsi ensorcelé, archi ivre, complètement obsédé, oublie qu'il est au milieu des murs de sa propre capitale, charge et continue le feu. Sur une observation de son lieutenant, il lui répond que ça ne le regarde pas; le sous-officier dit à son capitaine, vous trahissez; un chef de bataillon intime l'ordre de cesser le feu, il est couché en joue, et la fusillade continue. Le grenadier tue sa mère, sa sœur; Canrobert mitraille ses amis, ses parents. Rochefort charge avec ses lanciers les bonnes d'enfants sur l'asphalte du Café-de-Paris, foule aux pieds de ses chevaux les enfans de son frère, de sa sœur; dans l'ivresse de sa gloire il aurait traversé avec sa lance son propre enfant.

Un autre témoin (Victor Hugo, p. 174) dit, "les soldats pénétrèrent dans les deux librairies qui sont entre la maison du prophète, et celle de M. Sallandrouze, les meurtres commis sont averés, on a égorgé les deux libraires sur le trottoir, les autres prisonniers le furent dans les magasins."

Terminons par ces trois extraits, qu'on ne peut transcrire sans frissonner.

"Dans le premier quart d'heure de cette horreur," dit un témoin, " le feu un moment moins vif laisse croire à quelques citoyens qui n'étaient que blessés qu'ils pouvaient se rélever. Parmi les hommes gisant devant le prophète deux se soulevèrent. L'un prit la fuite par la rue du Sentier dont quelques mètres seulement le séparaient. Il y parvint au milieu des balles qui em-

portèrent sa casquette.   Le second ne put que se mettre à genoux, et les mains jointes supplier les soldats
de lui faire grace, mais il tomba à l'instant même fusillé.
Le lendemain on pouvait remarquer à côté du perron
du prophète, une place à peine large de quelques pieds
ou plus de cent balles avaient porté."

Un autre dit: " A· l'entrée de la rue Montmartre,
jusqu'à la fontaine, l'espace de soixante pas, il y avait
soixante cadavres hommes, femmes, dames, enfants,
jeunes filles; tous ces malheureux étaient tombés victimes des prémiers coups de feu tirés par la troupe, et
par la gendarmerie placée en face sur l'autre côté des
boulevards, tout cela fuyait aux premières détonations,
faisait encore quelques pas, puis enfin s'affaissait pour
ne plus se rélever.   Un jeune homme s'était réfugié
dans le cadre d'une porte cochère et s'abritait sous la
saillie du mur du côté des boulevards; il servait de
cible aux soldats.   Après dix minutes de coups mala-
droits, il fut atteint malgré tous ses efforts pour s'amin-
cir en s'élevant, et on le vit s'affaisser aussi· pour ne
plus se rélever.   Un autre . . . . les glaces et les fenè-
tres de la maison du pont de fer furent brisées, un
homme qui se trouvait dans la cour était devenu fou
de terreur.   Les caves étaient pleines de femmes qui
s'y étaient sauvées inutilement.   Les soldats faisaient
feu dans les boutiques et par les soupiraux des caves.
De Tortoni au Gymnase c'était comme cela. Cela dura
plus d'une heure.

"La preuve que ces soldats étaient complétement ivres.
"Les desseins de M. Louis Bonaparte étaient accomplis."

Les deux chefs des exécuteurs des Parisiens, aussi
lâches que le maître, car ces trois scélérats sont restés
cachés dans leur hôtel durant les trois jours, prêts à
gagner la frontière au premier choc avec les 25,000,000fr.
de la banque, St. Arnaud, Magnan, qui avaient déja
reçu chacun un million, et qui devaient être dotés de

300,000 fr. de rente, gorgés de sang, redoutant l'effet du froid, et par conséquent la reflexion du soldat; de l'autre côté l'indignation, et la fureur du peuple, prolongent les libations durant toute la nuit. Des décembrigands parcouraient les rangs criant "vive Bonaparte!" en excitant à boire pour ratifier la complicité de l'armée par des acclamations. Faisant sympathiser le soldat et le policeman; identifiant Canrobert et le gendarme (Désormais, le héros de Zaatcha, personnifie le crime, le lieutenant de Constantine a la camisole de force, et s'il ne se fait point faire l'opération de la fistule, comme son souverain maître, ou s'il dit un mot intempestif, pendu; le lendemain le Moniteur en Deuil nous apprendra que le général Canrobert, aide de camp de sa majesté, un des principaux sauveurs de la famille, de la société, de la réligion, etc., etc., est mort subitement dans la nuit au Chateau de St. Cloud d'une attaque d'apoplexie foudroyante); pendant que les flammes de punch éclairaient ces cadavres encore chauds et que des ruisseaux de sang les refléchissaient, cette police qui avait travaillé à la construction des barricades remplissait, nos prisons et nos forts non certes d'émeutiers, mais de personnes qui manifestaient leur indignation de l'attentat et de la barbarie de M. Louis Bonaparte. Du père qui pleurait son fils, de la sœur qui fondait en larmes sur le corps de son frère expirant; de la mère inquiète qui cherchant un enfant de dix ans et trouvant un cadavre jetait les hauts cris; de la femme qui se lamentait sur le sort de son mari absent, le père de ses enfants qui étaient appelés à mourir de faim pour que M. Louis Bonaparte fasse une entrée triomphale aux Tuileries avec des Grands Veneurs, des Grands Chambellans, des pages, et organise un parc aux cerfs, et mette la main sur la caisse pour comploter un coup Européen.

France tu ne te reveilleras pas!

Le 5 décembre le soldat de Paris amplement ex-
ploité était un complice de M. Louis Bonaparte;[1] il avait
renié sa mère, il était abreuvé du sang de son frère,
de son père, il appartenait par la honte au parjure.
Argousin capitaine, Géolier colonel, Sbire général,
Bourreau maréchal, étaient désormais les frères de l'ère
ratapóil, de l'âge million. Sur le meurtre du 4 Décembre, sur ces vêpres siciliennes de 1851 depuis
longtems préméditées, sciemment combinées, mûrement
refléchies. M. Louis Bonaparte a fixé les fondemens
de son empire, la honte du peuple de 1789 et de 1830.
Il a établi les fondemens de ses rêves de conquête, qui
se termineront par le partage de la France.

Tout vrai patriote doit rêver de rendre à sa
nation ses limites naturelles, excepté toi, Fieschi, parceque tu n'as point de patrie, et que tu es le neveu de
celui qui a livré le Rhin, après avoir torturé l'âme et
assassiné moralement le général qui en avait doté son
pays; qu'un de nos boulets a coupé en deux quand il
accourait, après douze ans d'exil, au secours de la
France ingrate, pour prévenir l'invasion, pour la prémunir contre les avanies prédites, dont le chef absolu
des 40,000 hommes de Moscou, restés des 700,000
devait fatalement l'abreuver. Mais encore, cet oncle
a fait son 18 brumaire en plein midi, pour conduire
immédiatement l'armée en Italie, dans ces champs qu'il
connaissait: toi, son avorton, tu as exécuté ton deux
décembre nuitament, pour souler l'armée et la métamor-
phoser en une bande d'assassins sur les boulevards.

M. Louis Bonaparte avait brisé sa parole le 2 dé-

---

[1] MM. Magnan et St. Arnaud dans la nuit du 5 démandaient
avec instance que nos grands généraux fussent fusillés : leur
digne maître a reculé, non certes devant ce nouveau forfait
mais devant l'indignation de l'Europe ; car pour les Français ;
pour ces héros de 1789 et de 1830, en face des Bonaparte, ils
deviennent dés eunuques.

cembre, naturellement il devait faire prêter serment à tous ses employés petits et grands; toujours d'après un des principaux principes de l'oncle. Quand il vous avait fait tomber, vous deveniez *son homme*, selon son expression; vous lui apparteniez par droit de honte.

Les Français prêtent serment au parjure; l'assassin, le voleur fait lever la main à l'honnête père de famille, glacé d'effroi, qui a quelques mois à parcourir pour avoir droit à une retraite de 1200 fr. après de longs et d'éminents services. L'amiral, le maréchal, le cardinal jurent fidélité à l'homme des boulevards du 4 décembre, nouvelle manière de sauver la société au 19 siècle inaugurée par Napoléon I. quand le sauveur du 18 brumaire vous avait fait tomber; vous lui apparteniez par droit de dégradation. Le régénérateur du 2 décembre a rétabli les trois corps de l'état d'après ce système.

D'abord le sénat, dont Bonaparte disait: "Je ne sache pas de corps, qui doive s'incrire dans l'histoire avec plus d'ignominie." Pour le noyau, M. Louis Bonaparte persuadé que des soldats comme d'Hautpoul, Ornano, etc., n'accepteraient point la position de Sénateur si elle n'était pas largement retribuée, leur donna 30,000 frs.; pour completer la tourbe, il choisit parmi des Eunuques et des individus mal famés qu'il ne paya point d'abord, de peur d'effrayer le contribuable; pour couronner son œuvre, et surtout pour fasciner les imbéciles, il décréta que les cardinaux, les amiraux, les maréchaux feraient de droit partie de ce corps pondérateur. Pour le corps législatif, ces commis muets, son idée fixe étant de l'éliminer, quand le moment de faire la guerre serait venu; pour charmer les niais, il l'autorise de siéger durant trois mois, mais de déliberer en comité secret, d'opiner à huis clos pour sanctionner ses rapines et les pilleries de ses Nérons-Mornys, ratifier le gaspillage des cupides, et consacrer avec condescendance, des concussions effroyables, un péculat permanent, s'arrogeant

le droit de le dissoudre, et d'appeler le peuple dans
ses comices seulement *six mois après*. Il en restreint le
nombre à 260, et en éloigne avec soin tous les hommes
connus par leur talent, et leur énergie : ces deux garan-
ties morales et mêmes materielles d'une conscience qui
ne peut être ébranlée, et que M. Louis Bonaparte, comme
tous les ambitieux, regardent comme des ennemis mor-
tels. Il escamote l'élection de l'honorable de Tracy, et
fait sortir de son urne les respectables Cavaignac et
Carnot et presque Eugène Sue ; au deuxième tour (tout
fini) pour desarmer les clairvoyants, et faire croire aux
imbéciles que leur voix est respectée. Car, Français, ne
vous imaginez pas que vous votez ; l'homme du 4 décembre, qui a ordonné le massacre des boulevards, qui a
ordonné de mitrailler et d'incendier les rues de la Paix,
Richelieu, et Vivienne, en cas de resistance ; et dans l'al-
ternative d'un soulèvement général, de faire retirer
l'armée dans les forts ; de la souler complètement, de dire
au soldat d'égorger son officier, et d'inonder Paris[1] de
boulets et de bombes, pour être investi de la souveraineté
de la caisse : s'inquiete fort peu de votre bulletin, il sort
de son urne, des oui et des non à sa guise. Quant aux
conseillers d'état, ces représentants de la prévarication,
une rétribution de 25,000 fr. à 35,000 fr. était attachée
au titre ; l'amorce était trop grasse, pour ne pas sé-
duire les amateurs de brelan et de lansquenet des
individus qui ont toujours un pied à Clichy. M.
Louis Bonaparte et ses principaux affidés, connaissaient
parfaitement bien les chefs du prétendu parti rouge.

[1] Cet autographe de M. Louis Bonaparte est en Angleterre
expédié par son digne ministre M. St. Arnaud. "Faire fusiller les généraux arrêtés, le colonel Charras, sept autres
représentants, se retirer en incendiant et pillant les rues les
plus riches ; ramener une partie des troupes sur l'Elysée,
appuyer l'autre sur certains forts, et de là écraser Paris de
bombes et d'obus.

Puisque c'étaient leurs émissaires qui couraient la campagne, et distribuaient quelque argent aux vagabonds, pour semer ces fameuses menaces de 1852; car les germes existaient déjà des ateliers impériaux en Paris, qui aujourd'hui préparent ostensiblement les ovations, chauffent les enthousiasmes, et de ces bataillons organisés dans toute la France, sous la couleur de sociétés fraternelles de secours mutuels, qui conduisent, le baton à la main, les bons citoyens au scrutin, aidés du sabre péremptoire des gendarmes, qui bientôt vous extorqueront votre argent, MM. de la noblesse et du tiers état, et raviront ton fils, braves paysans, soupirant après l'invasion pour piler ta maison ou ton chateau, pour compléter leur 2 Décembre. C'étaient les Décembristes dans Paris, et leurs affiliés dans les principales villes, qui remplissaient la France de l'ogre rouge de 1852. M. M. Morny, Persigny, étaient les ordonnateurs; les Baroche, les d'Hautpoul avaient deviné ces opérateurs habiles, car ils auraient été les premiers terrifiés, et exploitaient la crédulité publique.[1] Les futurs sénateurs avaient déjà en perspective leur 20,000 fr.

[1] Le communisme est un rêve insensé de quelques cerveaux detraqués dont les Tartufes de Montalembert, de Mérode, convoitant la main morte et l'inquisition, etc., se servent pour proner l'hydre de l'ultramontanisme. Et les Tartuffes les comtes Barraguay d'Illiers, le gisquet de St. Cyr, Castellane, cet embryon de matamore, et le couard d'Hautpoul, ont su tirer parti; et feignent de redouter systématiquement car c'est le voile de leur chauvinisme et palpent ainsi 200,000 fr. ou 300,000 fr. chacun par année. Ces trois généraux, rapaces, voraces, Carlistes, qui interprétaient à leur guise l'esprit de nos réglemens militaires qui abrutissaient l'armée; sachant que le despotisme énerve, qui insultaient, et qui brisaient ensuite, ou entravaient au moins l'avenir de tout officier méritant, d'un caractère indépendant; qui traitaient tous les officiers d'Afrique de frondeurs et d'ignorants, dont tous les efforts tendaient à miner le trône de feu Louis Philippe, tout en faisant jouer tous les ressorts de la genuflexion.

à 30,000 fr. et bondissaient sur leur siège quand il était question d'un coup d'état, criant à l'infamie. Quelques députés dupes redoutaient sincèrement 1852 ; mais tous aujourd'hui savent parfaitement que le spectre rouge était M. Louis Bonaparte. Tous les prefets désignés par les thaumaturges Morny et Persigny ont prouvé dans toutes les élections, qu'ils étaient rompus aux manœuvres de leurs maîtres. Quant aux inspecteurs de police, ce sont des hommes choisis ad hoc, qui ont admirablement constaté que la race des espions des Caligula, et des Tibère n'était point éteinte. M. Louis Bonaparte qui sait que les rayons du soleil finissent par pénétrer partout; et redoutant cette lumière, ayant fait sanctionner tous ses crimes le 1er janvier par M. Sibour. Mais ayant juré fidélité à une constitution précaire le 14. Janvier, dont il tramait en même tems la destruction; il ouvre la porte de ses cachots à nos généraux, l'honneur de la France, et sur les champs de bataille et à la tribune; et, avec l'espoir de sémer la division parmi ces hommes remarquables, il fait jeter à la frontière par ses argousins de police les généraux Lamoricière, Bédeau, Changarnier, Charras, Leflo, et laisse à Paris Cavaignac, qui, investi d'un pouvoir absolu, le déposa si noblement au sein de l'Assemblée après avoir sauvé Paris *d'un carnage*, avec les généraux Bédeau, Lamoricière, Changarnier, Leflo, Charras. 2,500,000 suffrages de la classe intelligente, clairvoyante, désintéressée, l'élite de la nation récompensèrent le dévouement de ce capitaine, qui apostropha en pleine chambre les révolutionnaires en leur disant, qu'il les préférait pour ennemis que pour amis; dont Wellington aurait pu être jaloux,— qui, au 20. Décembre, 1848, refusa d'abord la main à M. L. Bonaparte, certain d'un 2. Décembre, qu'il pouvait chasser de France, quand il a été question de son élection, évidente en présence des partis, et après un 15.

Décembre, 1840. Et pour compléter sa gloire, attend un moment favorable pour abattre cet aventurier, qui ne parlant que de morale, de famille, de propriété et de réligion, détruit sans cesse la morale, la famille, la propriété, la réligion, par ses institutions et ses mépris. —Qui ne cherche point à fonder l'ordre sur le devoir et sur la loi, mais sur la force et sur les espions de police.— Qui a à sa police perfectionnée un comité chargé de tramer des conspirations, et de donner chaque jour la direction aux esprits, et on ne peut lui refuser un certain tact dans la question d'Orient. Il est impossible de mieux organiser le mal, de mettre plus d'ordre dans le désordre. Il donne pour base à la justice, l'iniquité; il viole le soir la loi qu'il a faite le matin. Il a déjà dévoré des milliards, en gorgeant d'or ses séides; tout en les forçant à le jeter afin de les avoir toujours à sa disposition. Il a déjà corrompu le clergé et un peu l'armée; encore quelques années d'un pareil règne, et la France ne sera plus qu'une caverne de bandits.—Les partisans de l'ordre, du progrès, de l'honneur national, ne permettront point la perpétuation de ce système anormal. Les événemens depuis 1848 ont élevé et précipité tour à tour nos hommes éminents. Tous savent pertinement qu'ils ne peuvent rien consolider désunis,—ils en ont malheureusement des preuves trop authentiques; d'ailleurs, aujourd'hui, en présence de cette pléiade de chenapans qui entoure M. L. Bonaparte, que pourraient les vrais patriotes divisés, donnant à l'armée l'exemple de deux camps.

M. L. Bonaparte, pour fortifier cette barrière improvisée entre l'armée et le peuple par ses massacres du 4 Décembre, pour moins redouter le réveil de la nation en déchirant cette nouvelle constitution, pour compromettre complètement tous nos soldats pour faire de sa propre cause celle de tous; car Macmahon, le courage, Bourbaky, la témérité, n'étaient ni sur les boulevards ni dans le département du Var; les 100,000 soldats frémissant d'horreur, qui étaient en Algérie, honteux de leurs frères, n'étaient point inondés du sang de leurs pères, de leurs frères. M. L. Bonaparte, le 22. Janvier, par un décret sans exemple dans l'histoire, prive de leur fortune les enfants du général de Jemmapes. Infernal calcul, digne du 4 décembre; longtems combiné, froidement exécuté, digne du neveu du premier Bonaparte, qui empoisonne les pestiférés de Jaffa, et ordonne un tableau qui le représente touchant par excès de courage et d'humanité ces mêmes pestiférés. Si Chateaubriand, ce premier homme du siècle, ce sublime écrivain, cet admirable orateur, ne le constatait pas, je n'oserais citer ce fait: mais il le certifie dans un pamphlet digne de l'auteur du génie du Christianisme; qui serait certainement épouvanté des conséquences de la conduite actuelle du clergé de France, qui chantent les Tédeum de triomphe sur les cadavres des martyrs de la morale, de la loi, du droit, de la foi promise, de la croyance dans le serment, de la société outragée en l'honneur d'aventuriers obérés, devenus audacieux à la porte de Clichy. Des curés qui anathématisent les victimes,—des mandements des évêques, qui sanctifient l'embuscade, pour prétexter le massacre des boulevards, —la tuerie pour justifier la violation d'un serment,—des lettres pastorales des prêtres, qui glorifient le pillage, la rapine, le crime heureux.[1] MM. de l'épiscopat, vous prêchez le mensonge, la spoliation, le crime en fraternisant avec M. Louis Bonaparte; vous vous salissez, vous vous déshonorez, vous souillez votre soutane, vous profanez la religion. Vous soutenez un gouvernement impie, qui donne le plus triste exemple de corruption possible. Car le fripon est l'honnête homme, le tartufe, le chrétien. Aujourd'hui monseigneur cardinal, plus de

[1] Le 20 Mars 1815, les Bonapartistes criaient, "Vive l'enfer; à bas le paradis!"

fiction, plus de sophismes; tout est positif, tout est réel, tout parle aux sens, tout est compris; l'assassin est maréchal de France, le conspirateur Persigny éminence, le parjure votre souverain maître; éloignez vous de cet imposteur qui vous dégrade, tous les dogmes de la sainte église vous l'ordonnent. Je ne crains point de prendre notre seigneur Jesus-Christ, notre véritable juge à témoin de mes paroles. M. M. les prélats, vous êtes les princes de l'Eglise pour donner l'exemple, retirez vous du Luxembourg, ce bouge immonde de cette tourbe de révolutionnaires deshonorés; déchirez ce bandeau lugubre qui recouvre les yeux de quelques prêtres, éclairez vos fidèles égarés, demandez sincèrement ensemble à Dieu d'avoir pitié de la France, qui n'a jamais été si près de l'abîme. Vous sauvrez votre conscience et la religion, tel est votre devoir, représentants du Christ sur la terre. On vous a indignement abusés avec le dimanche obligatoire, avec l'abolition du mariage civil, avec les processions; on

[1] L'Angleterre a combattu quinze ans le premier Bonaparte; elle lui a porté le premier coup à Trafalgar, et le dernier à Waterloo; elle l'a gardé six ans sur le rocher de Sainte Hélène, où il est mort. Quelles sont les possessions de la France dans le Levant? Nihil. M. L. Bonaparte n'a donc point d'intérêt à prévenir le Tzar d'étendre sa puissance dans ces parages. La Grande Brétagne, au contraire, possède plusieurs points importants, et la route des Indes n'est pas une question secondaire mais de vie pour sa colonie. L'homme de Strasbourg et de Boulogne, le héros du 2 et 4 Decembre, l'instigateur de la question des lieux saints, pour un motif tout humain, donne la main aux Anglais pour prévenir les empiétemens de Nicholas. Le fait me parait plus que douteux.

Lisez M. Thiers, tome v., livres 20 et 21, "Consulat et Empire."

Anglais !

vous y remarquerez toutes les combinaisons et tous les efforts pour éloigner vos flottes de la Manche, du comédien Bonaparte, qui se posait en renovateur, qui se disait un reformateur, et qui n'était certes qu'un despote criminel.

vous jurerait la resurrection des victimes du 4 décembre pour être sacré par sa Sainteté tout en lui reservant le sort de Pie VII. quand le moment sera venu de rompre les liens Montijo. Car on ne doit plus douter de rien aujourd'hui quand on vous aperçoit encore dans ce sénat de Machiavel, M. M. les cardinaux ; et l'Angleterre le jouet de M. Louis Bonaparte dans la question d'Orient (25 mai);[1] cependant Trafalgar a été *sanctionné* par le guet-apens de Bayonne et Sarragosse. L'alliance de la Prusse par Iéna. Erfurt par les flammes de Moscou, etc. etc., une nation est restée constamment debout, en présence du mensonge de l'infamie et du crime. Elle avait compris dès le principe que ses caresses ne pouvaient que cacher un piège, et que d'ailleurs son contact seul était une souillure; qu'il n'y avait dans cette France qu'un Corse, et que ce beau pays était devenu l'empire du mensonge; journaux, pamphlets, discours, prose et vers, tout déguisait la vérité.

Waterloo a été sa juste et sa sainte récompense.

Que fait il de l'argent, cet homme de boue et de sang,

Du duc d'Orléans, de ce Bayard du 19 siècle, de ce héros à Anvers, à Mascara, au passage des portes de fer, &c., &c., de ce feu compagnon de cette grande âme, comme dit Victor Hugo : la duchesse d'Orléans.

Du duc d'Aumale, ce jeune colonel du 17 leger, de l'intelligent général qui à vingt-un ans dota 1843 de la prise de la Smala d'Abd-el-kader; du chef de la province de Constantine, du courageux soldat de Médiounez, qui le premier nous montra les plaines de Bathna et de Biskara, en soumettant ces féroces montagnards des Sultani et de la lisière des Aurès, de ce jeune gouverneur qui acheva si miraculeusement l'œuvre si bien commencée par l'illustre Bugeaud.

Du prince de Joinville, le digne chef des marins de Tanger et de Mogador; qui a rapporté en France

les cendres du rénégat du Caire, qui a si profonde-
ment enraciné la corruption dans le peuple français.
Ce hideux brigand du 2 décembre dont tous les actes
décèlent une nature étrangère à la France.

L'impose à l'armée,

paie avec cet argent la croix du soldat qui l'a reçue
de la main du duc d'Orléans; qui en la lui remet-
tant lui a fait jurer fidélité à son père, *et aux lois de
France*; qui lui conférant cette dignité lui a donné l'accolade. Oh, Bonaparte, détestable tyran, âme déna-
turée, toi aussi tu abandonneras ton armée et tu fuiras
un jour devant le sabre d'un autre Blucher blessé;
mais tu n'oseras point revenir à Paris. Car les Français
te feraient payer pour tous les maux; et toutes les
humiliations que ton infecte race a fait subir à la
France; en te marquant d'abord au milieu du front par
(2 et 4 décembre 1851), puis en te faisant faire un second voyage triomphal avant de te placer au jardin des
plantes, et dans chaque ville de France tu serais obligé,
comme l'imposteur Perkin Warbeck à Westminster,
de faire ta confession dans laquelle tu déclarerais toute
ta fourberie et tous tes crimes et toutes les infamies
des Bonaparte.

CHAPITRE II.

Je vous rapelle que M. Louis Bonaparte en proclamant la constitution du 14 janvier 1852 a juré de maintenir la république tronquée; si les partis transigeaient. En observant d'ailleurs, avec son infatuation corse, qu'il pourrait se proclamer empereur, comme il aurait pu sauver la France après la revue de Satory. Le parjure du 18 brumaire avait fait la même remarque aux anciens par rapport au 13 vendemiaire. La constitution du 14 Janvier sanctionnée par le serment des sénateurs, des députés, des conseillers d'état, de l'armée, de la magistrature; M. Louis Bonaparte et les confidents habituels auxiliaires de ses conspirations se mirent à l'œuvre pour la détruire, manigancérent l'inqualifiable voyage du midi comme ils avaient préparé le coup d'état; comme on avait tâté le terrain à Satory, on le sonda par le voyage de Strasbourg. Après décembre ces soudards quand il était question de l'empire, se recriaient comme en novembre 1851 par rapport au coup d'état, comme aujourd'hui par rapport à la guerre.

Cependant on la prépare, témoin les lettres franques; on sonde la France, témoin les lieux saints, comme on a machiné l'empire; comme on a tramé le coup d'état. M. Louis Bonaparte arrive à Bourges le 15 septembre, le premier coup de théatre ayant réussi; à Moulins, il déclare à M. Dupin avec le même sang froid, qu'il parlait au représentant F——; oubliant de cacher cette figure affreusement laide, qui dénote si bien ce caractère dissimulé sombre et sauvage,

que si la France veut absolument lui conférer le titre
d'empereur, persuadée par ce fait d'asseoir plus solide-
ment les bases de son gouvernement, qu'il ne pourrait
s'y refuser. Arrivé à Lyon en l'honneur de l'inauguration de la statue du premier sauveur de la société, il
remercie sincèrement la ville, de son dévouement au
premier de tous les habitans du Liamone; qui a cherché
à noircir la réputation d'Augereau; qui lui a si bien
debité ses vérités dans le cimetière d'Eylau: comme il a
cherché à ternir celle de Kleber, parce que ce premier
républicain, n'a pas voulu effacer de la carte la deuxième
ville de France. Il a continué sa route en séjournant à
Grénoble et à Avignon; un fait digne d'être remarqué
c'est dans ces deux villes, centres en 1848 de la démocratie communiste, et en 1815 de l'aristocratie des
droits féodaux, que les premiers cris de Napoléon III,
se sont fait entendre: et même avec enthousiasme.
Avignon ou le maréchal Brune à été si horriblement
mutilé; et que le Bonaparte bubon a eu le bon esprit
d'éviter, en se rendant à l'île d'Elbe. Arrivé à Marseille (les Décembrigands expédiés en avant pour
monter les ovations, chauffer les enthousiasmes ayant
rencontré quelque resistance, une machine infernale
apparait dans toute sa splendeur et est étalée aux yeux
du public), il la visite et la contemple avec admiration;
et pour conquerir complètement ces bons catholiques,
déjà terrifiés par la perspective du spectre rouge (toujours même système) il alloue quelques millions à leurs
cathédrales, rebrousse chemin pour reprendre Toulon
républicain, en lui jetant de l'or à pleines mains pour
s'élargir.

Il a traversé ainsi tout le midi, qui a fourni le plus
de proscrits aux cris de vive Napoleon III.; où la
plus ignoble et la plus sale comédie avait été préparée
et a été jouée. Tout retentissait des éloges du tyran:
pauvres humains, dans qu'elles bassesses vous entraîne

la crainte d'un maître féroce. Arrivé à Bordeaux, ce despote, qui a perdu tout sentiment de honte, déclare que puisque les vœux du peuple le forcent de ceindre la couronne impériale, il ne peut par un refus se montrer ingrat : il affirme que l'empire sera la paix; il a cent fois juré qu'il était républicain. Il continue son voyage triomphal à travers le Poitou et la Touraine, il ne s'arrête ni à Blois, ni à Orléans; il avait de bonnes raisons. Il arrive à Paris le 16 par calcul, anniversaire de l'exécution de Marie Antoinette; où la plus grotesque comédie était préparée, et fit son entrée aux Tuileries. Ses premiers valets par un senatus consulte, convoquent le peuple, pour le 20 novembre; 8,000,000 de voix sortent non des urnes du peuple, mais des urnes Bonapartistes. Je vous le certifie de nouveau, Français; le parjure du 2 décembre, le Tibère du 4 décembre vous fait voter, mais il se préoccupe fort peu de votre volonté. Son oncle était renégat au Caire, et restaurateur de la religion en France, mais plus tard, il à fait enlever le vicaire du Christ comme M. Louis Bonaparte a fait enlever le brave général Bédeau et après avoir frappé du pied et de la main à Fontainebleau ce vénérable pontif; il l'a jeté en prison. Ses projets étaient accomplis, la France entière était compromise, elle avait acclamé le meurtrier du 4 décembre, le spoliateur du 22 janvier, *les puissances étaient abusées.*

Si les 18 ou 20 maréchaux de l'Empire : Français en 1814 ou en 1815 avaient été dans la position de Labedoyère; Paris aurait sauté.

Le 4 décembre, la St. Barthélemy de 1851, et les décrets du 22 janvier n'ont point un autre but. Je copie M. Lamartine liv. XXVI. p. 208.

" Le maréchal Bertrand monta avec l'empereur dans la voiture du maréchal Soult, le cortège presque funèbre, s'arrêta à Rocroy pour faire rafraîchir les

chevaux, et pour prendre quelque nourriture; des
courtisans et des officiers, le visage pali d'émotion, les
yeux rougis par les insomnies et les larmes, les habits
souillés par la poussière, par la poudre et par le sang;
se présentaient naturellement à eux-mêmes l'image
sinistre du désastre qu'ils avaient provoqué en insur-
geant l'armée contre leur patrie; ils s'entretinrent à
quelques pas de l'empereur du parti qu'il avait à prendre
dans cette extremité; pour reparer ou pour dompter
le destin, il faut, s'écriait Labedoyère, plus responsable
que tout autre des calamités de la situation, 'il faut
que l'empereur sans s'arrêter un moment surprenne
Paris et l'assemblée par sa présence qui fera tout plier
sous sa résolution. Il faut qu'il se jette en arrivant
au sein de la représentation nationale, qu'il avoue
l'immensité du désastre; qu'il offre comme Philippe
Auguste de mourir en soldat, en laissant la couronne
au plus digne. Les deux chambres entraînées par son
ascendant feront avec lui des prodiges de patriotisme
et d'énergie pour sauver l'empire.[1] 'Les chambres,'
répondait le secrétaire intime de Napoléon qui avait
écrit sous sa dictée les depêches: ' elles l'offriront en

---

[1] Le 2 décembre prouve que,—1. Le drapeau blanc ne peut
plus être arboré, car tous ses partisans étaient libres et bon
nombre en pouvoir. 2. Le parti rouge, si tel parti existe, ne
jouit d'aucune force, car jamais circonstance se présentera
plus favorable pour l'émeutier ; jamais lois sages d'un pays
libre, ne seront plus ignominieusement foulées aux pieds
D'ailleurs, la loi agraire ne semble-t-elle pas être en perma-.
nance sur ce sol le plus riche de l'Europe, dont chaque citoyen
laborieux possède un coin. Français, voici notre meilleure
garantie et contre les partageux, et contre leurs frères, le parti
despotique, avec ses droits féodaux, et l'assurance de notre
liberté future, quand nous briserons ce système ratapoil, qui
nous énerve et nous dégrade. 3. L'armée est archi toute puissante ; commandée par des généraux, intelligents et devoués
à leur patrie, de sorte que le cultivateur après sa journée de
labeur peut dormir parfaitement tranquille.

sacrifice à l'Europe pour se sauver elles mêmes. Vous ne connaissez ni les hommes ni les tems.' ' Eh bien, si les membres s'isolent de l'empereur, tout est perdu,' repliquait Labedoyère irrité; 'le huitième jour l'ennemi sera devant Paris, le neuvième les Bourbons rentreront dans la capitale. Alors que deviendra *la liberté et tous ceux qui ont embrassé la cause nationale?* quant à moi mon sort est écrit, je serai fusillé le premier." La mémoire de sa faute lui prédisait son supplice.

Avant de donner la parole à M. L. Bonaparte, qui se laisse volontiers entrevoir socialiste un jour, aristocrate le lendemain, partisan du *free trade* avec les Anglais, et dévalise la France, entouré de la lie de tous les partis, pour vous confesser que par son 4. Décembre il navait d'autre but que de compromettre l'armée, et d'établir un règne de terreur pour guerroyer à volonté, et poursuivre les péripéties de l'oncle, tout en certifiant que "l'empire, c'est la paix," et en vous faisant un tableau des calamités de la guerre, comme à Ham, de son horreur de l'audace des gens qui ne craignent pas d'assumer sur eux la terrible responsibilité d'un changement. Je vous citerai quelques réflexions de Victor Hugo:—

"Faire le mort, c'est là son art. Il reste muet et immobile, en régardant d'un autre côté que son dessein, jusqu'à l'heure venue. Alors il tourne la tête et fond sur sa proie. Sa politique vous apparaît brusquement à un tournant inattendu, le pistolet au poing, *ut fur.* Jusque-là, le moins de mouvement possible.

"Annoncer une énormité dont le monde se récrie, la désavouer avec indignation, jurer ses grands dieux, se déclarer honnête homme, puis au moment où l'on se rassure et où l'on rit de l'énormité en question, l'exécuter. Ainsi il a fait pour le coup d'état, ainsi pour les décrets de proscription, ainsi pour la spoliation des princes d'Orléans; ainsi il fera pour l'invasion de la Belgique et de la Suisse, et pour le reste. C'est là son procédé; pensez-en ce que vous voudrez; il s'en sert, il le trouve bon."

Vous me répondrez la France l'a absout,—7,500,000 de voix ont sanctionné ses actes, cela la regarde, je nie le chiffre. D'ailleurs, la France est archi ignorante, et de ses machinations et de ses actions. Les Français depuis le 4. Décembre ont montré certainement beaucoup de faiblesse. Mais depuis cette fatale date, quand on voit les hommes les plus éminents, et doués du plus de stoicisme dans chacun des partis, ne point contraindre leurs chefs à une entente cordiale, et ces mêmes chefs ne point assumer l'initiative en lançant une constitution au peuple,—on comprend la léthargie de la masse de la nation, après des journées de Juin. Son engourdissement, qui enfante ce système d'abrutissement, qui endurcit l'âme, qui ronge les sentimens naturels, qui conduit à l'égoisme, insensiblement à l'insouciance du bien et du mal, qui éteint la conscience et les remords, en vous ôtant l'horreur du vice et l'admiration de la vertu. Mais la conduite inactive des hommes dignes de représenter ce noble pays, capables de le diriger, qui semblent désarmés en présence de la famine et de la guerre,—préludes de la banqueroute et de la guerre civile,—est un fait inoui. On dirait que ces chefs de partis, ces défenseurs de nos libertés acquises, attendent que la France soit à feu et à sang pour se réveiller, que M. L. Bonaparte est le protecteur de leur cause réciproque. Certes tout homme qui a joué un rôle, qui prone présentement un parti, est un infame. Ma patrie le maudit,—l'Europe le méprise.

En admettent 7,500,000, j'ouvre " Napoleon le Petit," page 296 :—

" Un brigand arrête une diligence au coin d'un bois.
" Il est à la tête d'une bande déterminée.
" Les voyageurs sont plus nombreux, mais ils sont séparés, désunis, parqués dans des compartiments, à moitié endormis, surpris au milieu de la nuit, saisis à l'improviste et sans armes.
" Le brigand leur ordonne de descendre, de ne pas jeter un

cri, de ne pas souffler un mot et de se coucher la face contre terre.

"Quelques-uns résistent, il leur brûle la cervelle.

"Les autres obéissent et se couchent sur le pavé, muets, immobiles, terrifiés, pêle-mêle avec les morts et pareils aux morts.

"Le brigand, pendant que ses complices leur tiennent le pied sur les reins et le pistolet sur la tempe, fouille leurs poches, force leurs malles et leur prend tout ce qu'ils ont de précieux.

"Les poches vidées, les malles pillées, le coup d'état fini, il leur dit :—

"'Maintenant, afin de mettre en règle avec la justice, j'ai écrit sur un papier que vous reconnaissez que tout ce que je vous ai pris m'appartenait et que vous me le concédez de votre plein gré. J'entends que ceci soit votre avis. On va vous mettre à chacun une plume dans la main, et sans dire un mot, sans faire un geste, sans quitter l'attitude où vous êtes...'

"Le ventre contre terre, la face dans la boue.

"'...Vous étendrez le bras droit, et vous signerez tous ce papier. Si quelqu'un bouge ou parle, voici la gueule de mon pistolet. Du reste, vous êtes libres.'

"Les voyageurs étendent le bras et signent.

"Cela fait, le brigand relève la tête et dit :—

"'J'ai sept millions cinq cent mille voix.'"

Dans le même ouvrage, qui immortaliserait l'auteur, s'il n'était pas connu depuis longtems comme une des premières gloires de la France, s'il ne possédait pas son 17. Juillet, 1851, et dont la conduite héroïque depuis le 2. Décembre, est au dessus de tout éloge, car le poète, V. Hugo, voulait frapper le parjure sur le champ sans se préoccuper de l'avenir. Ce désintéressement parle bien haut depuis Satory, que la lâcheté s'appelle prudence. Je lis, p. 26 :—

"Qu'on traduise devant les assises un malfaiteur quelconque, le voleur dira aux juges : le chef de l'Etat a volé vingt-cinq millions à la Banque ; le faux témoin dira aux juges : le chef de l'Etat a fait un serment à la face de Dieu et des hommes, et ce serment, il l'a violé ; le coupable de séquestration arbitraire dira : le chef de l'Etat a arrêté et détenu contre toutes les lois les représentants du peuple souverain ; l'escroc dira : le chef de l'Etat a escroqué son mandat, escroqué le pouvoir, escroqué les Tuileries ; le faussaire dira : le chef de l'Etat a falsifié un scrutin : le bandit du coin du bois dira : le chef de l'Etat a coupé leur bourse aux princes d'Orléans ; le meurtrier dira : le chef d'Etat a fusillé, mittraillé, sabré et égorgé les passants dans les rues."

Cependant quelques souverains de l'Europe l'appellent leur frère, se constituent ainsi solidaires (spectacle édifiant que donne la royauté au peuple); vous m'objecterez que l'Europe coalisée devait donc tomber sur la France comme des hordes de barbares. Non, certainement; il était de leur devoir d'abord de ne pas le reconnaître, en alleguant le traité de 1815, et de commander une conduite spéciale à leur ambassadeur, d'être plein de déférence et de respect pour ce peuple humilié, mais en même tems par son attitude méprisante envers la personne de cet usurpateur (particulièrement en souvenance des sinistres conséquences encore vivantes de l'usurpation du 18. Brumaire, qui précipita l'Europe dans un cataclysme), de montrer que son roi ne peut reconnaître comme frère l'autocrate de cette nation,— la personnification de tous les crimes, après les résultats du 18. brumaire, executé et fondé d'après les mêmes maximes empoisonnées, sans s'abaisser personnellement, sans agir en aveugle, et sans faire preuve d'indifférence pour les calamités futures de ses citoyens. Si dans un grand royaume, une classe de la société, puissante par l'argent, pour des raisons sordides (par exemple, la gent mercantile d'Angleterre), séduite par la réception à St. Cloud *en Août* 1851, et depuis par leurs entrées libres aux Tuileries, alléchée par le Grand Central, etc., etc., lui donne le main; à forciori; car le plus ignoble despotisme, et les plus faux principes, basés sur le suffrage universel, peut avoir des conséquences graves pour ce noble pays, qui depuis des siècles marche doucement, mais sûrement, vers ce système grandiose, pour l'exercer pleinement, loyalement, avec tous ses nobles principes.

D'ailleurs, toutes les alliances de l'oncle ont été autant de pièges, de trahisons. Le chef d'un pays doit s'entourer des hommes les plus remarquables, et suivre une ligne de conduite invariable, dictée par de bons sentimens, sans considération des conséquences ultérieures, qui seront toujours mille fois moindres que celles d'un guet à pens; car il est du devoir de tous de couper le mal dans sa racine. Heureusement, cette femme, si admirable, et par sa fermeté et ses vertus, si digne d'être le premier homme d'un si grand royaume,—d'un peuple, avec raison, si fier de ses libertés et de ses conquêtes, —le comprend et le veut ainsi.

CHAPITRE III.

" Le nouveau règne que vous inaugurez aujourd'hui n'a pour origine comme tant d'autres dans l'histoire ni la violence ni la conquête ni la ruse:. les hommes éclairés qui m'entourent, les hommes indépendants auxquels je m'adresse " etc.

Le conspirateur de Strasbourg, l'assassin de Boulogne, le monstre du 4 Décembre attendait avec impatience, l'anniversaire du parjure, de la rapine, du meurtre pour frapper un nouveau coup plus audacieux; car il dépasse par son infamie tout ce que l'homme a encore osé. Jamais créature humaine a montré tant d'impudence et tant de cynisme : 366 jours après avoir violé en pleine nuit la demeure de nos plus braves et de nos plus dignes généraux; Changarnier la fidelité, Lamoricière la gloire, Bédeau la science, Leflo l'intelligence, Charras le patriotisme, Cavaignac le désintéressement, ces six vrais sauveurs de la France en juin; après les avoir menacés des menottes et du baillon, après avoir enlevé du milieu de leurs familles en pleine nuit nos premiers législateurs; les ayant jetés pêle-mêle avec des voleurs des assassins chassés la veille de Mazas; et pris sur les barricades, ou ils avaient été poussés malgré eux; dans les casemates sur les pontons; après avoir fait mitrailler par des soldats d'abord avinés, puis corrompus par l'or et l'argent 1200 vieillards, femmes et enfans sur les boulevards; en plein midi sans sommation aucune, je pourrais poursuivre cette énumération; mais je ne veux point abandonner mon idée, M. Louis Bonaparte est un brigand, il l'a prouvé, il est un coquin, il l'a dit; mais il veut l'avouer hautement à tous les Français et leur dire que tous ses courtisans ne pourront jamais le nier; haut calcul, toujours dans le but de faire la guerre; quand il sera prêt et il marche à pleine vapeur. M. Louis Bonaparte en déclarant aux sénateurs, députés et conseillers d'état le 2 décembre 1852 que son gouvernement n'est point celui de la violence par ces paroles éclatantes il a certifié.

CONFESSION.

" Je suis un menteur et un bandit, vous voulez feindre de ne pas me comprendre; quand vous aurez vidé la caisse de l'état, rempli vos cassettes, acheté des chateaux, vous proclamerez hautement: ce que vous avez déjà confessé au sein de votre famille, et même dans un cercle de partageux; c'est un Néron, puisque vous voulez être de la partie, il faut que vous ne puissiez dire, je suis un fourbe et un escroc ; mais que nous sommes des imposteurs et des faussaires; car ces deux scrutins nous les avons falsifiés ensemble. Ah! M. M. vous pensiez, vous vous imaginiez que pour mon voyage il n'y aurait que vous et moi qui connaitrions la vérité. Que vos dettes payées, la France sortie de léthargie, M. Louis Bonaparte dans l'égout. Vous diriez, jamais nous ne pouvions présumer que nous avions à faire à un tel scélérat. Vous prétendiez à une connivence perfide avec les factieux, et quand je vous aurais gorgés d'or, me trahir, et proclamer avec orgueil votre défection. Il en sera tout autrement; tout est arrangé et disposé pour que si je sombre, vous vous noyiez, si je meurs dans la boue vous soyez à mes côtés. M. le félon Baroche, certes ma comédie à été grossière et mal jouée; je le sais: mon intention était telle: voici ce que vous ne compreniez pas; je suis un imbécile, que vous conduisez au capitole, à fond de train pour le précipiter le lendemain, vous vous trompez: je suis un brigand, vous le savez et vous me servez, donc vous devez être condamné aux gémonies. Voici ce que je fais concevoir à tout le monde avec intention pour un bon motif parceque pour vous garantir il faudra me garder, étant solidaires, vous serez idolâtres de votre sultan; c'est ma politique depuis le 2. Décembre; ayant proclamé mes ministres irresponsables. J'attendais le diadême pour la déclarer hautement afin de couronner nos méfaits à tous. Vous trouviez fort stupide cette machine infernale, vous pensiez que je pouvais évidemment obtenir le même nombre de voix, 7 ou 8,000,000 sans avoir recours à la rue St. Nicaise; que c'était une maladresse de ma police. Sachez que j'ordonne tout, que le premier qui me prévient maladroitement est empoisonné ou fusillé nuitamment. L'auteur et l'ordonnateur est M. Louis Bonaparte, notre évêque antipatique, ou notre cher Archevêque apostat, travaillant pour le compte de Henri V.; qui devant me recevoir le lendemain; avec son clergé mitre ou crosse en tête; connaissait la vérité: mais les représentants de son diocèse auraient pu être sinceres; mon plan étant d'avilir tous les membres de mon gouvernement, pour mieux les compromettre, par le fait pour faire de toutes les vies, une seule; il faut que son dernier servant sache que je suis la boue, et le sang; que mon Seigneur m'a cependant encensé. Tous les acteurs de ma comédie y mettaient réellement trop de zèle, pour ne pas les dénoncer, particulièrement mes prefets aristocrates, ces encenseurs de l'arbitraire. Observez mes paroles à M. Dupin, faites le rapprochement de mon discours de Lyon et de celui de Bordeaux; de celui de Marseille (la Mediterranée) et de celui de Bordeaux (la paix); et lisez l'article du Moniteur de chaque jour; vous verrez clairement que je n'avais pas l'intention de cacher complètement mon astuce. Arrivé à Paris, les sénateurs les uns avec l'espoir de recevoir 60,000 fr. au lieu de 30,000 fr., d'autres avec la conviction de devenir promptement les sénateurs du comte de Chambord avec 100,000 fr. par an ou des ministres à 500,000 fr.; de rétablir la loi du majorat, de remettre eu vigueur les lettres de cachet (oh! sublime Bastille, cher exil), ont crié avec empressement, avec fureur, le moment est opportun, la France est unanime, elle veut le rétablissement de l'empire, par un senatus consulte qui convoqua de nouveau le peuple pour le 21 et 22 novembre dans ses comices. Les sénateurs aménèrent le plébiscite du 25 novembre 1852, de 8,000,000. Je pouvais obtenir le même resultat en agissant avec discrétion; mais M. M., mon intention n'était point telle, la fraude devait être grossière, surtout à Paris; pour mieux exposer tous les députés, mes futurs stipendiés, qui étaient chargés du dépouillement; tous les sénateurs qui par leur senatus consulte, avaient appelé le peuple à voter : tout mon entourage, en un mot, tous les Français qui m'ont prêté serment et qui devaient m'en prêter un second. M. M., après m'avoir traité de brigand, de faussaire et d'assassin, appelé Tibère, Caligula, et Néron; vous venez m'offrir cette couronne tranquillement, de sang froid, et vous voulez faire croire au peuple, que je suis l'apôtre de la félicité publique, que vous ne comprenez pas, et aux autres nations que vous êtes de si honnêtes gens, que vous êtes incapables de sentir les stigmates de ma fourberie; eh bien! moi je vous dénonce à la populace, je lui démontre incontestablement que nous sommes tous coupables de forfeiture, car je dis à ce peuple, qui a vu le 2 Décembre et le 4 Décembre, que mon gouvernement n'est pas celui de la violence; après avoir dissous l'assemblée, fait arrêter dans leur propre lit 50 députés en escaladant leurs murs, et fracturant leurs portes ; fait conduire au milieu des baionnettes 300 représentants à Vincennes ; expulsé 15,000 français ; casématé, pontonné, déporté des milliers ; enfin fusillé 1,200 vieillards, femmes et enfans sur les boulevards, deux ou trois mille dans le Midi. Vous qui m'avez prêté la main pour mon élection à la présidence, qui m'avez si bien déviné comme ministre, et même comme représentant, qui ayant preparé avec moi le coup d'état, vous êtes si bien éclipsé au moment décisif ; pour reparaître sur la scène plus intelligents, plus actifs, principalement dans mes élections du 20. Décembre, qui avez applaudi à tous mes décrets, qui m'avez donné 7 ou 8 millions de suffrages ; enfin qui avez placé entre mes consciencieuses mains la caisse de la France pour y puiser à satiété ; tout en tendant la main, pour remplir vos coffres. Vous n'avez donc pas saisi mon but en dévalisant la famille d'Orléans ; malheureux imbéciles, vous avez vu seulement dans mon acte une vengeance. C'est afin de mieux vous compromettre, et surtout avec l'espoir de trancher entre cette famille et l'armée tout souvenir de gloire, que je dépouille les uns pour payer l'honneur des autres, pour les dégrader doublement afin de les river à ma personne. Ces mêmes officiers faits chevaliers par les enfans d'Orléans, doivent recevoir pour récompense de leur croix d'officier ou de commandeur 500 fr. ou 1000 fr. sur les biens de leurs anciens chefs. Il n'est point nécessaire de vous faire observer pourquoi je donne 30,000 fr. à tous mes sénateurs, et 85 fr. par jour à mes députés, en leur ordonnant le dépouillement des urnes de mes argousins,—telle était mon arrière pensée. Le 2. Décembre ayant été accepté comme immolation des 25 fr. par jour à l'état. Et je solde si grassement ma chambre des comptes. Je double les traitemens de la magistrature et du clergé ; j'ai fait jouer la guillotine, et j'ai converti Lambessa en un Montfaucon. De vous dire pourquoi j'ai ordonné à mès sénateurs de me faire danser; toujours d'après le système de mon oncle; quand il vous avait fait tomber vous lui apparteniez par droit de honte. Je venais de porter le dernier coup à la représentation nationale, par deux décrets en mars 1853, l'un ordonnant le vote du budget par ministère, l'autre octroyant dix centimes à tous les sous-officiers de l'armée de terre et de mer. Les députés devaient suivre l'impulsion donnéé par les sénateurs, et des danses devaient sanctionner mes décrets, et démontrer ma toute puissance. Je ne vous parlerai pas longuement de ma commission consultative du 2 Décembre, cloaque d'hommes de toutes les nuances; évidemment mon plan était de vous abuser et particulièrement de vous faire temporiser. Quant à mes commissions mixtes après le 4 décembre, dans ce moment de terreur, mon intention était d'exciter le paysan contre le bourgeois, ce dernier contre le curé et le noble; l'homme intelligent et courageux, contre mes adhérents stupides et lâches; l'homme du progrès clairvoyant et honnête, contre l'homme de la réaction illétré et convaincu; par des décissions inouïes, par des actes farouches; pour prévenir toute réconciliation quand le moment de faire la guerre sera arrivé; et pour donner plus de force à mon croquemitaine, que je tiens sous clef aux Tuileries: quand il sera tems de lui faire faire un acte d'apparition, soit dans la Nièvre, soit du côté de Marseille, soit par des ovations, soit pas des attentats, contre la vie de votre serviteur tout puissant; comme à l'opéra comique, le 6. Juin par les invisibles (le mot est bon), après le passage du Pruth, considéré par les puissances comme un acte nécessaire pour renouer de nouvelles négociations,—dont je prévoyais déjà, en le rédoutant un système d'atermoiement,—mon arme naguère; mais dont je ne peux me servir actuellement plusieurs années en présence de mes finances obérées, et de la position critique de ma presse stipendiée, " le Constitutionnel," et " le Pays."

Il est inutile de vous expliquer et le crédit foncier et le crédit mobilier et le comptoir d'Escompte et les docks etc., etc. (système ingénieux de M. L. Bonaparte, ce Cagliostro empereur, pour lancer sur la place, plusieurs milliards tombés des brouillards du Mississipi; faire croire à une prosperité, doubler par l'agiotage la valeur des actions de toutes espèces qui encombraient déjà la bourse, jeter de la poussière ainsi aux yeux des niais qui, induits en erreur, échangent leurs économies qui sont expediées à l'étranger contre ces milliards distribués par les adulateurs de ce thaumaturge); vous vous rendez parfaitement compte que ce sont autant d'assignats pour l'avenir. Et pour le moment tous les détenteurs sont pour moi si non des complices, des gardes: et la propriété est compromise. Mais pour le présent vous dévinez aussi pourquoi je n'ai pas besoin de recourir aux 45 centimes; avec quelques rames de papier je me procure facilement quelques centaines de millions. N'ai je pas le cachet de 1000 et de 500 entre mes loyales mains. L'homme des lingots d'or des 25,000,000 qui malgré les répré- sentants, malgré la presse, a su trouver des expédients, est certes beaucoup moins embarrassé aujourd'hui. Il n'a pas baillonné la presse pour aller prélever la bagatelle de 45 centimes additionelles sur le con- tribuable; l'homme qui a fait Strasbourg, Boulogne, Satory avec du vin et de l'argent; le 2 décembre avec du vin et de l'argent; le 4 décembre avec du vin et de l'argent; n'est pas assez simple pour faire une telle demande au paysan qui est content, qui m'ac- clame, et votera toujours pour le maître, qui ne lui demande pas son billon."

Une observation bien simple qui justifie effective-
ment que M. Louis Bonaparte use du grand cachet
avec les Morny et les Fould, c'est que Louis Philippe
avait 12,000,000 argent. 6,000,000 de revenus pro-
venant des biens de la couronne, et 15,000,000 de ses
propriétés particulières en tout 33,000,000. M. Louis
Bonaparte en a vingt-cinq Argent et six de revenus,
en tout, trente-et-un, d'un côté une économie con-
sciencieuse, de l'autre une prodigalité sans nom, l'argent jeté a profusion; des grands veneurs insolvables,
des grands écuyers prodigues et des grands chambellans besogneux à 100,000 fr.; des premiers et seconds
chambellans veneurs et écuyers poudrés, brodés, dorés,
à 50,000fr. et à 30,000fr.; bientôt des grands et petits
pages panachés; d'anciens amis nécessiteux; des dettes.
Les 25,000,000 pris à la banque, la veille du coup d'état
ont été dépensés en cinq jours, *ils ont été remboursés*.
Maintenant 800 chevaux; plusieurs ont couté de
25,000 à 30,000fr., cent chevaux de poste; 100 de
vénerie; 400 de selle et d'attelage; 200 jeunes chevaux
destinés à renouveler les écuries. Dix meutes de 100
chiens; une dans chaque chateau; plus de 2000
domestiques; et la sellerie, et les carrosses, en un mot
monter la maison; dix chateaux, un simple tapis a couté
un million. Maints aides-de-camp, thuriféraires de
premier ordre, mouchards de haute classe à 30,000 fr.;
force officiers d'ordonnance, la lie de notre armée, espions de leurs camarades à 15,000 fr. Ses noces ont
couté au moins 4,000,000 fr.; deux mois d'appointe-
mens. Il a doté quinze à vingt filles de ses premiers
valets à 300,000 fr. font 6,000,000 fr. Et Mmes. Murat,
Mathilde et Consorts; et tous les Bacciochi et tous
les Camerata, en un mot tous les Bonaparte, les
A, E, I, O, et les maîtresses présentes et anciennes,
et Beaurégard. Certainement voici beaucoup plus que
les cinq fils de Louis Philippe avec leurs femmes;

tous vraiment religieux et économes. Cependant feu Louis Philippe ne nous disait pas, qu'il ne pouvait balancer les dépenses et les recettes; mais la républiqueest survenue; et l'a prouvé incontestablement aux plus incrédules. Vous ne me direz peut être pas, le vainqueur de Jemmapes avait pris ses précautions, il prévoyait la révolution du 24 février, ou le baillon était mis sur la presse; on n'osait pas parler en 1848; où ce drôle de Corménin, ce vicomte (oh! *respectables* féodaux, vrais partageux) qui fulmina tant d'anathèmes contre les sinécuristes et les cumulards, ce rénégat du Siècle, qui a si fort tempêté contre les 12,000,000 octroyés à la famille d'Orléans, l'un des valets de ce véreux Corse dans la nuit du 24 au 25 a réuni tous les livres de la liste civile, et a pris ses mesures pour constater que la famille d'Orléans avait parfaitement raison d'être économe; puisqu'elle ne pouvait pas aligner les dépenses avec les recettes après 18 ans de règne. M. Louis Bonaparte dépense certainement plus du double, on peut affirmer le triple, quelque chose comme cent millions et il reçoit 31,000,000 seulement depuis janvier 1853; avant il recevait 12,000,000; son voyage dans le midi à couté 25,000,000.

Ses saturnales ne vous ouvriront point les yeux; cette bacchanale ne vous reveillera pas; cette caisse vide qui sonne le creux ne vous fera pas sortir de votre lethargie? Ce voyage à travers les départements limitrophes de la Belgique, si souvent mentionné depuis la question des lieux saints, et accompli au milieu de la disette et d'éventualités en Orient, ne détruira point les illusions des plus incrédules; la guerre et la famine qui sont à vos seuils ne vous releveront point de vos defaillances; vous ne comprenez donc pas l'énormité du danger; vous n'en sentez donc point les progrès quotidiens, incessants, sinistres, formidables.

Sonnez le toscin!
Sonnez l'alarme!

Généraux, Amiraux, Législateurs, Magistrats,
Représentans de notre Seigneur J. Christ.
*Trois cents braves, respectables, intelligents, et bien
connus pour leur patriotisme; de vrais Francais en
lançant une constitution au peuple ne se réuniront pas en
plein midi au Palais National ou à Notre-Dame, et le
même jour, vingt-cinq patriotes des principaux de chaque
département dans leur cathédrale; et ne décréteront pas
au nom de tous les hommes d'honneur de tous les partis
et au nom de l'armée entière que vous avez abandonnée
et qui vous tend la main, cet ignoble Louis Bonaparte.
Parjure! traitre et infame!*

" Vous m'avez octroyé la couronne, non pour consolider un gouvernement; mais pour m'engager, me
forcer même en occupant les Tuileries, à tarir plus
vîte notre bonne vache de lait; en vous faisant coopérer à une plus large part; pour briguer plus
promptement les honneurs sous un autre gouvernement une fois titrés, et enrichis; misérables protées,
infâmes traîtres, il faut donc vous le dire de nouveau: nous sommes tous des bandits; mon gouvernement n'est pas celui de la ruse. Oui, je ne veux point
donner de lendemain à la France; quand je tomberai il
faut que tout s'écroule. Je ferai la guerre, je combattrai
sur le sol étranger, ou sur le sol français où je pourrai;
mais je veux combattre. Je veux une longue page dans
l'histoire, je veux frapper un coup européen, comme j'ai
immortalisé un 2 décembre; et je veux que combattant,
incendiant, mitraillant vous préfériez me voir vaincu,
et vivant; que vainqueur et mort. Car après vous
casserez des cailloux en Algérie, MM. les Sénateurs.
Rappelez vous mon oncle après Moscou, particulièrement après Leipsick; quand il accourut à Paris, il
vous a entretenu de paix; mais aussitôt que de noùveaux
préparatifs ont été faits, il a volé de nouveau audevant
de l'ennemi. S'apercevant que des combats à Mont-

Mirail, à Brienne ne lui donnaient point le resultat désiré, il a livré la route de Paris a l'ennemi; il l'a laissé pénétrer dans la capitale. Il l'a suivi pour le détruire, mais les sénateurs, les conseillers d'état ne faisant point cause commune avec mon oncle (captivés par des titres, des dignités, de l'argent; ils s'étaient montrés des valets dévoués; tant que le seigneur pouvait les payer largement). Le jour de la décadence arrivé, ils l'ont délaissé, au lieu de l'envelopper pour le protéger. Mais avec moi il n'en sera pas ainsi; quand mes jours néfastes seront venus; quand l'ennemi me poursuivra jusque dans les rues de Paris; vous serez les premiers à donner de l'argent, et des armes à tous les rodeurs de barrières; non seulement pour anéantir l'Autrichien; mais pour conserver la couronne à votre empereur. Car si votre empereur tombe, votre cher L. Bonaparte, M. Baroche, vous serez envoyé à Nukahiva, M. Troplong aussi, M. Billault aussi, conséquences naturelles de ma St. Barthelemy et de mon 22 janvier. Certes, MM. mes stipendiés à 85 fr. par jour et à 30,000 fr. par an, si mon oncle eut pu s'imaginer avant de partir pour Moscou, qu'un seul souffle d'en haut; et que les Prussiens, les Autrichens, et les Russes seraient sur le sol Français, aux portes de Paris, dans les murs de Paris; il aurait su prendre ses mesures materielles pour entraîner si non tout le royaume, au moins la capitale dans son crime médité depuis Leipsick et durant près d'un an sciemment combiné; dont tous ses artifices ont été inutiles à Fontainebleau, pour le mettre à exécution: même son simulacre d'empoisonnement. Mais de cette France dont il avait pris tous les héroïques enfants pour en faire de la chaire à canon; pour titrer, doter les senateurs, les conseillers d'état; ces condottieri pouvaient l'abandonner. Ces hommes éminents en faisant volte face, étaient certains d'être applaudis et d'être bien accueillis par ses successeurs. Avec moi il n'en est pas ainsi, maîtres chauvins, mon Marengo est doublement douteux, car je n'entrevois même point mon Desaix, un autre gouvernement au lieu de vous ouvrir les bras vous ouvrirait certes la route de Cayenne. Ainsi, ne pouvant pas décliner votre responsabilité, vous n'avez point à hésiter; brûler Paris, incendier la France, mais sauver votre cher L. Bonaparte; rappelez vous le, oui, MM., comprenez le bien.

Mes chers aides de camp, tous les trois ex favoris des d'Orléans, etc., etc., voilà un autre fait terrible que je vous engage fortement à noter. Sept mois après avoir semé des germes de discorde dans l'armée, en faisant empoigner par le colonel Espinasse, le général Leflo, et en faisant mitrailler par le général Canrobert les défenseurs des généraux Cavaignac et Changarnier, qu'il avait fatigués de ses assiduités et de ses adulations, et qu'il avait accablés tour à tour de ses protestations de dévouement: tout en distribuant des aigles aux regiments Français, pour completer mes œuvres, j'ai coupé froidement la tête de l'ex-bonapartiste, Charlet, *comme par oubli comme un devoir.* Si les ministres de Charles X. eussent été guillotinés, Guizot de Gand n'aurait pas fait fusiller le peuple; Montalembert n'aurait pas envoyé une armée à Rome; d'Hautpoul, ce lâche consommé, réprouvé de tous les honnêtes gens, n'aurait pas voulu du ministère de la guerre; la loi du 31 Mai n'aurait pas été proposée; la république serait debout, cette tête plus qu'innocente est une garantie de plus, traitres forcenés qui m'entourez pour vous fermer toute porte de retraite.

Tous mes députés, sénateurs, Carrélet, Canrobert, Randon, etc., etc., savent aujourd'hui pertinemment que mon premier plan était de souffler la guerre civile, avec le secours de ma société du dix Décembre, dans plusieurs départements durant la dernière prorogation de l'Assemblée, et de m'emparer pour cette raison, et par ce moyen, d'un pouvoir absolu, que je n'aurais certes point abdiqué comme Cavaignac, de fermer la chambre en m'appuyant sur les vœux des conseils généraux, qui demandaient la révision de la constitution; mais à la résistance à mes desseins, parfaitement compris par mes décembristes, que j'ai rencontrée dans la Nièvre (car malgré tous les efforts de ces hommes dévoues à ma cause, en Septembre ils n'ont pu réunir que quelques pillards); ce plan a été différé, mais jamais abandonné, et aurait été mis à exécution en Février ou Mars. Poussé par M. Morny, j'ai proposé à la chambre le rappel de la loi du 31 Mai, mais je l'avoue c'était à contre cœur; car je craignais d'ouvrir les yeux des plus aveugles, quand, à mon grand étonnement, la chambre n'a pas voulu comprendre le piége. Dés-lors mon idée fixe depuis Strasbourg d'être un jour le souverain maître de la France a été arrêtée pour le 2 Décembre, comme 1854 depuis long tems pour la guerre, ma descente immédiate en Angleterre ayant été combattue par mes principaux complices.

Après une complète razzia des hommes énergiques (sous prétexte d'un complot), je quitterai Paris, en ayant soin d'abord de faire occuper les forts, puis l'Hotel de Ville, la Caserne Napoléon, le Louvre, les Tuileries et les Invalides (centres de Paris pour remplacer la Bastille. Voici pourquoi j'ai tant hâté ces traveaux; et j'ai élargi les rues pour faire charger mes chers carabiniers) par mes régiments les plus compromis dans le coup d'état; après une épuration faite de la main de mon ami de St. Arnaud et leur ayant donné des chefs de mon choix, comme les de Marole, de Martimprey, Boudeville, Bataille, Montera, de Taxis, de Garderens, puis d'y laisser mes principaux affidés et mes décembriseurs comme chefs d'une garde prétorienne de 200,000 rodeurs, que les chefs et les sous-chefs peuvent rassembler déjà en 24 heures, avec ordre d'assassiner sur le champ les sénateurs, les conseillers d'état, et les députés ayant quelques velléités d'opposition ; qui auraient ordre aussi si les Autrichiens, et les Prussiens étaient au moment d'envahir de nouveau Paris, de forcer tous les citoyens à prendre les armes, de mettre les faubourgs St. Germain et St. Honoré en avant garde flanqués par les capitalistes et les gros commerçants, et les 100,000 fédérés de mon oncle comme arrière garde ; avec ordre de faire le sac de la maison de ceux qui s'y refuseraient ; en commençant par les larder avec leur famille. Ah ! M. le banquier, vous pensez que Napoléon III. a fait le 2 décembre pour sauver votre caisse, étrange abérration. Non, certes, mais pour faire la guerre quand il lui plaira ; pour venger Waterloo et la captivité de mon oncle, sur le rocher de St. Hélène, ou d'effacer la France de la carte de l'Europe. Car je démasque, et je démasquerai trop bien à ce beau pays le génie des Bonaparte pour qu'il reste des chances à un Napoleon IV. MM., l'ogre rouge de 1852 existait seulement dans mon esprit ; mes principaux affidés avaient leurs affiliés dans toutes les différentes sociétés secrètes ; même avant 1848, car comme je suis l'auteur de la machine de Marseille, j'étais l'auteur de celle des boulevards en 1835, et mon compatriote Fieschi était mon complice[1] et aussitôt après son exécution j'ai fait mon échauffourée de Strasbourg. Comprenez vous pourquoi lors des journées de Juin j'étais en Angleterre ; j'étais l'instigateur et le chef principal de cette insurrection, je suis l'invisible dont il a été tant question ; tous les vrais conspirateurs me reconnaissent comme leur digne maître, tous sont en correspondance si non avec moi,

[1] Lisez attentivement le procès de Fieschi dans Louis Blanc vous y apercevrez un être mystérieux comme dans nos fatales journées de Juin.

avec mes agents. Mes complices de Strasbourg et de
Boulogne étaient les moteurs de tous les mouvements
révolutionnaires après Février 1848, puis s'élimi-
naient adroitement : la preuve, une fois président : tout
est rentré et resté dans l'ordre. La loi du 31 mai
1850, qui atteignait particulièrement cette classe qui
vous représente, les jacques, n'a nullement levé la
tête. Mon intérêt n'était point de faire couler le
sang à cette époque ; je me serais fait des ennemis.
Il était bien plus politique de ma part de faire rentrer,
particulièrement à Paris, bon nombre des insurgés de
juin, entrainés et enrolés par mes agents ; m'attacher
ces hommes par les liens de la reconnaissance, gagner
ainsi le cœur de leurs parents et amis des Faubourgs ;
inquiéter les esprits sérieux, paralyser le commerce,
entraver la république, les enrégimenter dans mes
prétoriens, les décembrigands : pour surprendre dans
leur sommeil leurs vainqueurs de juin ; ces vrais
Français, Charras, Lamoricière, Bedeau, Changarnier,
Leflo, Cavaignac, etc., etc., suicider la liberté, la
presse, la volonté Française, pour guerroyer ensuite.
Les légitimistes comprenaient mon système parfaitement, et l'exploitaient à merveille. Les aveugles ils
ne sentaient point le prestige de mon nom, la cause
dont il est le prétendu symbole ; que les manœuvres
qui devaient me faire triompher, les auraient certes
engloutis. Les insensés, inféodés par rapacité à l'ancien régime, qui aujourd'hui cultivent la temporisa-
tion, ils ne voient point que mon succès qui déborde
dans la restauration des abus est le précurseur de leur
ruine, que la même hache qui a abattu la tribune, la
réédifiera, et fera disparaître ce confessionnal, le sanctuaire de toutes les conspirations, ce labyrinthe des
nations papistes. Quand je placarde sur les murs de
Paris que j'expédie les anciens forçats à Cayenne, c'est
pour abuser les niais ; c'est un autre trompe l'œil pour

me débarrasser des chiffoniers recalcitrants que mes chers Persigny et Pietri ne peuvent pas enroler dans mes décembrigands. Vous êtes assez stupides, Français, pour vous imaginer que je me sépare ainsi d'hommes si précieux, si prompts à saisir mes manœuvres; comme en Décembre, en prenant à la gorge en plein sommeil nos gloires militaires et legislatives. Je ne peux avoir trop de malfaiteurs à mon service pour exécuter mon grand coup Européen. Par leur intermédiaire mes complices de Strasbourg et de Boulogne sont en relation avec la lie des capitales; et la canaille une fois ivre, est hardie et propre à un coup de main. D'ailleurs, quant aux forçats, ils feront de très bons boucaniers; je compte bien les enregimenter et m'en servir pour ma descente en Angleterre. Pour justification de mes paroles, observez les assises de 1853, et encore vous n'en connaissez pas la moitié; mes prisons sont pleines, Clichy est comblé, dans ces lieux que j'ai habités sont mes principales forces, celles dont je suis le plus sûr; mes soudards y prêchent les théories du Bonapartisme, les perfectionnent dans les principes dont ils sont naturellement imbus, leur montrant une bonne aubaine dans le grand coup préparé par leur maître. Puis dans le cas d'un soulèvement général du grand parti de l'ordre, en présence de dangers imminents, ils seront autant d'auxiliaires pour protéger le crime heureux. Français, en vérité, vous ne les connaissez pas, les Bonaparte, durant toute ma présidence vous ne voyiez pas notre manœuvre. J'étais au pouvoir, je devais poser pour l'ordre, mon cousin germain pour le parti rouge; et enfin Pierre Bonaparte et ses cousins pour la constitution; tout en cherchant à la détruire; la France ne devait pas et ne pouvait pas nous échapper; pour preuve Napoleon Bonaparte a parfaitement accepté le grand cordon, et la dignité de général français quand j'ai été sanctionné pour la deuxième

fois avec le scrutin de mes préfets, comme le souverain
maître, mais le 3, le 4, le 5 Décembre 1851, il se tenait
à l'écart pour attraper la proie, si elle m'eût échappé,
après l'exécution des braves officiers d'Afrique, vous
eussiez vu le général d'aujourd'hui, coiffé d'un bonnet phrygien, un drapeau rouge à la main, proclamer une république de sang et tous les Bonaparte
faire Chorus. Si le vrai parti de l'ordre, les partisans
sincères de la constitution jusques à une revision
légitime fussent restés les maîtres, Pierre Bonaparte
aurait figuré parmi les sincères ; d'ailleurs nous con-
servons à peu-près les mêmes rôles dans le cas d'éventualités ; ils ont tort, je vous le confesse de nouveau ;
pour mon compte je me préoccupe fort peu aujourd'hui
de mes chers parents. Je les laisse, cependant je les
engage même à conspirer, car ils entretiennent ainsi
la haine parmi les partis; ma seule force, ma seule
existence; et ils previennent ainsi mes vrais ennemis de
pouvoir se compter. Et en déroutent même certains
qui ne suivent point assez attentivement le méandre de
notre duplicité; car le jeu de M. de Girardin, l'ami de
mon héritier présomptif n'est pas généralement compris.
Je suis l'autocrate de France: et je n'accepte aucune
observation, je me suis débarrassé du Maréchal Bugeaud[1] (que les ex-carlistes qualifient de canaille parce qu'il a révélé la vérité à Blaye, et par ce fait a
aggravé des soupçons déjà sérieux de la nuit du 29

[1] Lisez cette lettre, publiée en mars 1851, relativement au
24 février, de ce soldat, dont l'intelligence grandissait avec les
circonstances, et le courage avec les années. Rappelez vous son
dernier jour à la chambre ; ce discours pressentissant l'avenir,
qui tout en respirant la plus cordiale et la plus sincere reconnaissance pour la famille d'Orleans, portait témoignage de la
conduite ultérieure, et du vrai patriotisme de ce noble caractère, qui par des paroles sublimes consterna les révolutionnaires de tous les partis, qui déjà depuis longtems le recon-
naissaient comme un ennemi redoutable.

Septembre 1820), d'après le système de mon oncle par rapport à Hoche et à Pichegru. J'ai fait fusiller 800 personnes la nuit du 4 au Champ de Mars comme mon oncle ayant ourdi un complot à fait tomber trente têtes de prétendus conspirateurs ; comme je ferai fusiller la nuit 50 ou 100 financiers impliqués dans une conspiration pour crime de conjuration intentionnelle, nationaliser leurs propriétés pour faire une razzia complète, un second 22 Janvier quand mes fonds seront bas et guillotiner en plein jour le premier qui ne fera pas ma volonté toute entière. Oui, Français, il faut combattre ; je veux une longue page dans l'histoire ; il faut que L. Bonaparte fasse disparaître la France, car ne pouvant être Alexandre, il veut surpasser Néron.

Français, toutes mes dispositions seront prises pour 1854 pour vous précipiter dans une conflagration Européenne et vous entraîner dans mes rêves de conquête malgré vous ; ou de vous livrer à l'incendie ; comme tout était préparé, Parisiens le 2 Décembre pour vous faire accepter un Bonaparte pour tyran ; ou de vous bombarder et de vous brûler.

J'épure ma marine, et je l'organise.

J'achève d'épurer mon armée, et je l'organise complètement ; bien entendu d'après le système du 2 Décembre ; mes agents en Suisse, en Belgique, en Italie, dans le Piémont, dans les Provinces Rhénanes, sur toutes mes frontières travaillent à désorganiser la société, font du jour la nuit, et du soleil les ténèbres en pronant les principes les plus subversifs pour établir postérieurement partout la nuit et le silence ou pis ne laisser parler que le mensonge. Fouiller votre domicile, attenter à la liberté individuelle, violer le secret des familles, vous embastiller, Belges, tout en vous certifiant un avenir florissant : toujours d'après le système de mon oncle, qui après avoir vidé vos caisses en prodiguant des caresses au clergé, le châtia ; supprima les

séminaires en les tournant en parcs d'artillerie et en-
rolant les élèves dans l'armée; et flagella le maire
d'Anvers, qui ne voulait point lui livrer le coffre de la
ville. Le clergé voit leurs manœuvres avec plaisir,
les ambitieux aussi. Mes Décembriseurs travaillent le
bas peuple, les rodeurs et les vagabonds avec succès;
puis les utilisent, je prends Bruxelles à témoin, fa-
natisent la police leur prophétisant force argent, des
croix, des honneurs, leur montrent la France où le
policeman et le préfet s'identifient; ou le mouchard
et le général se donnent l'accolade; et organisent ainsi
mon deux Décembre Européen. Tous les rouages de
mon machiavélisme et de celui de mon oncle jouent
depuis 1852; je ne réculerai certes devant aucun
stratagème, aucun subterfuge pour tout embrouiller,
tout entortiller, comme j'ai fait avec les membres de

[1] Français, le premier coup de canon tiré on vous prouvera
que vous avez accepté M. L. Bonaparte le 2 décembre pour
laver Waterloo, que vous lui avez donné 8,000,000 de voix pour
venger St. Helene ; pour vous convaincre, on vous dira même
que s'il n'en était pas ainsi, le 2 décembre serait une tâche
pour le peuple de 1789 et de 1830 ; que les Français en ac-
ceptant la constitution proposée par M. L. Bonaparte, accla-
maient le vengeur futur de nos deux invasions, puis tout en
flattant les espérances de tous les partis, l'Empereur, votre
sauveur, décrétera une levée de 200,000 hommes, et la campagne commencée, un autre décret paraîtra, vous réclamant la
modique somme de trois milliards, tout en vous certifiant que
nous allons à la conquête du Pérou, et le système des garni-
saires commencera ; car les taxes arbitraires sont le prélude
des réquisitions forcées ; et il faut se prémunir contre la ré-
bellion. Et les trois milliards acquis, un décret vous annoncera
que désormais le saint homme avec sa réligieuse famille se con-
tenteront de percevoir 20,000,000 fr. au lieu de 42,000,000 fr. et
après le triomphe de nos armes toutes les libertés désirables.
Mais en présence d'une résistance formidable l'élu de la providence abjurerait l'empire; vous certifierait que les royalistes
l'ont couronné de force, livrerait les sénateurs à la vindicte
publique : en se coiffant d'un bonnet phrygien (en vous dé-
montrant que tel est l'esprit de la constitution).

l'Assemblée législative; ni devant aucune bassesse pour la justification de mon innocence, et de mon horreur de la guerre: témoin la question des lieux saints, jusques au moment de fondre sur ma proie: ni devant aucun crime pour réussir. Pour vous convaincre de l'authenticité de mes paroles, suivez attentivement la conduite de MM. Lavalette et de Lacour; observez cette politique double et les volte faces des feuilles semi-officielles, les dilemmes de cet apostat stipendié, hypocrite raffiné, M. de la Guéronnière (toujours même système); car rappelez vous leurs manœuvres avant et après le coup d'état, leur langage pour préparer l'empire, et le faire reconnaître par les puissances. Le lyrisme de la *Patrie*, la prose adulatrice du *Constitutionnel*, la faconde cynique du *Pays*.

D'ailleurs le remplacement du marin Lasusse, amiral connu, estimé et bien aimé de la flotte, par M. Hamelin après le passage du Pruth. M. Baraguay d'Hilliers à la place de M. Lacour, après l'entrée des flottes dans les Dardanelles. Le grand cordon décerné à mon ambassadeur le 15 Août en récompense de ses services, mes paroles à Lord Cowley le même jour, qu'une paix honorable pour toutes les puissances était assurée, que je m'en réjouissais sincèrement. Rapprochez cette croix et ces mots (le Pruth passé) de la question des lieux saints, du rappel de M. Lavalette, et de son siége au sénat; et de toutes mes prévenances à l'ambassadeur anglais à Compiègne, fin de 1852; et après, durant toutes mes méditations sur la fameuse clef. Examinez tous les événemens depuis; n'oubliez point mes lettres autographes au pacha, mes envois d'armes. Tous ces faits sont fort significatifs, divulguent clairement mes projets et justifient toutes les paroles de ma confession.

Français, ne soyez point étonnés de quelques succès dans le principe; car le vin et l'argent sont deux puissants moyens quand on sait en tirer parti: et quand on sait employer même le cotillon comme avec Canrobert; et d'ailleurs partout je trouverai des d'Hautpouls, des Troplongs, des Baroches toujours prêts à se vendre au dernier enchérisseur."

Français vous ne vous réveillerez pas, vous ne purgerez pas notre sol de ce tas d'insolvables; cet individu qui a tout juste la forme humaine, qui tient du crapaud, et de la vipère, du rénard et du chacal, dont tous les décrets depuis Décembre constatent la stupidité, car son rôle était facile, sera votre fléau! Sa seule Mission évidemment sur la terre est de démasquer complètement le premier Bonaparte, car un grand brigand ne peut pas être et ne doit pas être considéré comme un grand homme. Ni des historiens ni des poètes (Thiers, Victor Hugo etc.), ni une nation ne doivent impunément encenser un grand bandit, que les soldats français ont été assez simples pour croire un moment le fils de ses œuvres et qui n'était certes que le fils de leur puissance; après le 15. Décembre 1840, un 2. Décembre 1851 était écrit.

Français, M. Louis Bonaparte avec sa figure hideuse: déjà en putrefaction; déshonorera plus longtems la France; la conduira à un nouveau Waterloo; où il se cachera durant trois heures comme son digne oncle, pour fuir ensuite durant toute une nuit. Vous vous réveillerez, soldats d'Isly, quand vous penserez à ce prétendu général qui a abandonné 500,000 Français en Russie, dans la neige, à moitié gelés, poursuivis par des cosaques; qui a abandonné son armée à Leipsick après avoir fait tuer 120,000 Français en deux jours, 60,000 par jour. Braves soldats d'Afrique vous vous reveillerez, vos camarades sur le sol Algérien vous renieraient, vous briserez ce joug ratapoil qui vous énerverait quand vous songerez qu'il a livré nos frontières; qu'il laissa les Autrichiens, les Russes et les Prussiens entrer sur le sol Français, espérant les battre et les mettre en fuite, et que les Paysans de la France faucheraient les fuyards jusqu'au dernier. S'apercevant de son erreur, non que la France, que le paysan sentait son impuissance, mais que voyant avec raison dans Bonaparte un tyran, un despote, un incendiaire, un assassin, un vrai fléau ils se seraient plutôt armés pour favoriser sa défaite, que coopérer à son triomphe, Bonaparte ouvrit la route de Paris à l'ennemi, pensant trouver plus d'abrutissement parmi les Parisiens que parmi les paysans. Abandonné par les maréchaux *indignés*, il chercha à corrompre les colonels par des promesses inouies comme M. Louis Bonaparte le 2. Décembre; ils n'ont point voulu se vendre comme Espinasse, de Cotte, Canrobert, Marulaz; ces héroiques Français, soldats de Kleber, de Hoche, de Moreau et de Marceau qui avaient ouvert à ce prétendu général les portes de Berlin, de Vienne et du Kremlin. Ces soldats de la république qui avaient fait face à l'Europe entière coalisée contre nos armes, qui avaient fait mordre la poussière à 14 armées, qui prétendaient envahir simultanément notre sol. Ces vainqueurs de Valmy, d'Anterlecht, de Hondschoote, de Wattignies, de Turcoing, de Fleurus, de Jemmapes, qui malgré les efforts de ces fiers et intrepides brétons égarés, avaient donné à la France, à leur patrie, la Hollande, la Belgique, les Provinces Rhénanes, le Piémont, la Suisse, n'étaient certes point des officiers, dont l'argent était la fibre à toucher pour les raviver. Enfin par un simulacre d'empoisonnement pour invoquer cet enthousiasme dont il avait abusé si souvent, il ne fut pas plus heureux auprès des soldats; et disparut en insultant les généraux, ces soldats de la république et la France, après lui avoir enlevé cinq millions de ses plus beaux enfans, deux millions dans les trois dernières années; et 15 milliards pour ruiner ou perdre nos colonies, perdre nos conquêtes, la Hollande, la Belgique, le Rhin, le Piémont, la Suisse, livrer notre sol, cette terre de la liberté aux Autrichiens, aux Prussiens, aux Russes; et jure de révenir bientôt, et d'être plus heureux, de donner à l'Europe le tableau de l'embrasement d'une capitale; mais il n'en a point été ainsi, et il est tombé misérablement à Waterloo comme un imposteur; Berthier, Murat, Lannes, Massena étaient absents; comme un lâche, car après être resté trois heures caché dans un pli de terrain, il a fui toute la nuit devant Blucher blessé, abandonnant l'armée, sublime de dévouement, admirable de courage, qui avec un chef Français, avec Ney se serait certainement élevée au dessus du destin. Français, si vous ne vous réveillez pas, voici votre avenir fatalement; *et plus terrible car c'est son avorton.*

Je lis dans M. de Chateaubriand:—

" Les générations de la France étaient mises en coupe réglée comme les arbres d'une fôret: chaque année quatre vingts mille jeunes gens étaient abattus. Mais ce n'était là que la coupe régulière; souvent la conscription était doublée ou fortifiée par des levées extraordinaires; souvent elle dévorait d'avance les futures victimes comme un dissipateur emprunte sur le revenu à venir. On avait fini par prendre sans compter l'âge légal, les qualités requises pour mourir sur un champ de bataille n'étaient plus considérés, et l'inexorable loi montrait à cet égard une merveilleuse indulgence; on remontait vers l'enfance on descendait vers la vieillesse, le reformé, le remplacé étaient répris. Bonaparte semblait avoir déclaré la guerre au commerce: s'il naissait en France quelque branche d'industrie, il s'en emparait et elle séchait entre ses mains . . . Il a dévoré en dix ans quinze milliards d'impôts . . . Chaque sous-préfet, chaque maire avait le droit d'augmenter les entrées des villes, de mettre des centimes additionels sur les bourgs, les villages, et les hameaux, de demander à tel propriétaire une somme arbitraire pour tel ou tel prétendu besoin. La France entière était au pillage. Si la propriété était incertaine, la liberté civile était encore moins assurée. Sur un rapport d'un de ses décembrigands, un homme pouvait être détenu toute sa vie, sans jugement, mis à la torture, fusillé la nuit, étranglé entre deux guichets. Au milieu de tout cela, Buonaparte faisait

nommer chaque année des commissions de la liberté individuelle. Tibère ne s'est jamais joué à ce point de l'espèce humaine.
Le corps législatif a osé parler une fois et il a été dissous.

Soldats d'Algers, de Mascara, de Constantine, d'Isly,
si vous ne jetez pas dans l'égout ce nouveau comédien,
général, empereur, voici votre destinée absolument;
¡plus humiliante, car c'est son écume.

Ney, le brave des braves, fut fusillé par des Français, l'intre-
pide Murat fut fusillé dans les Calabres. Labedoyère, etc., etc.,
furent fusillés par des Français. Le Maréchal Brune fût mis
en pièces à Avignon, et les morceaux de son corps jetés dans
le Rhône, et maints généraux dans le midi eurent le même
sort. Bonaparte en Égypte dit au vrai républicain, Kléber,
en le toisant, "Je saurai retrancher ce que vous avez de plus
que moi—la tête." A Eylau, les divisions d'Augerau, *habillées
de blanc* (un essai), ayant été hachées, "Vous aimez le carnage," lui dit le Maréchal, baigné dans son sang ; "j'espère
que le tableau est complêt." Il ordonna de le fusiller ; mais
sept ou huit blessures, toutes béantes, le sauvèrent ; car plusieurs étaient mortelles, assuraient les docteurs. Il fut expédié en France sur-le-champ. Déjà au 18 brumaire tel
devait être son sort pour n'avoir point cru que la patrie était
en péril. En 1814, pour n'avoir point brûlé Lyon, il fut proclamé traitre par les Bonapartistes ; et aujourd'hui encore, il
passe pour une canaille parcequ'il a toujours été un honnête
homme, et qu'il n'a jamais voulu s'humilier devant cet ogre.
Après Wagram, il leva la main sur Bernadotte, parceque le
Maréchal, dans son ordre à son corps d'armée, lui attribuait
avec raison la victoire. Dans une partie de chasse, il dé-
chargea son fusil en pleine figure de Massena, il creva seulement un œil au Maréchal. Villéneuve, ce véritable marin,
imposé de combattre, et qui fit payer par la mort de Nelson
Trafalgar aux Anglais, préféra une mort volontaire aux prisons
d'un vampire. Ce soldat de père en fils, toujours brave, héros
à Eylau, infortuné à Baylen (le châtiment natural du guet à
pens de Bayonne), le général Dupont fut jeté dans les fers
pour convaincre nos soldats, des recrues, qu'une défaite était
une trahison : variante de Jaffa. Bonaparte, comme couron-
nement de ses œuvres, fomenta l'assassinat de Wellington.
Dans ses écrits à St. Helène, il rejeta sur Ney la perte de
Waterloo, et chercha à ternir la plupart des maréchaux de
l'empire ; parce qu'ils n'avaient point voulu brûler la France.

Quant à son ami Lannes, nous nous contentons de citer le nom, cette autre histoire des Bonaparte serait trop sale. Une citation sur mille pour vous donner une idée complète de ce génie d'après les Corses, à l'indignation de Berthier au nom d'Hortense, il la donna en cadeau à son frère, le débonnaire Louis, qui la répudia quatre ans après, malgré les menaces de l'autocrate son amant.

Dans le quatrième codicille de son testament, Napoléon s'exprima en ces termes: "Je lègue dix mille francs au sous-officier Cantillon, qui a essuyé un procès comme prévenu d'avoir voulu assassiner Lord Wellington, ce dont il a été déclaré innocent. Cantillon avait autant de droit (c'est nous qui soulignons) d'assassiner cet oligarque que lui de m'envoyer pour y périr sur le rocher de St. Hélène. Wellington qui a proposé cet attentat (ce miserable avait oublié son retour de l'île d'Elbe) cherchait à le justifier par l'intérêt de la Grand-Bretagne. Cantillon si vraiment il eut assassiné le Lord se serait couvert et aurait été justifié par les mêmes motifs, l'intérêt de la France de se défaire d'un général qui, d'ailleurs avait violé la capitulation de Paris, et par là s'était rendu responsable du sang des martyrs, Ney, Labedoyère, etc., etc." (L'Europe entière connait la conduite de Wellington, au dessus de toute éloge, après Waterloo, et rationelle pour le vainqueur d'une journée si mémorable.)

Plaidoyer formel en l'honneur de l'assassinat.

D'après ce commentaire, il était du devoir de M. Cantillon d'user de son droit et de gagner son argent. Ainsi Napoléon I., oncle de Napoleon III., admettait l'assassinat à titre de représailles et contre Wellington. Quels sont donc les droits des 80,000 proscrits, des pères, mères et frères des martyrs de Décembre, des 1,200 victimes inoffensives des boulevards?

CHAPITRE IV.

Mon lecteur connaît maintenant la fin du règne du premier Bonaparte, de cet exploiteur de toutes les choses les plus sacrées, tenant à la gorge la France pour aller prêcher, disait il, la civilisation parmi les Germains, les Moscovites et les Turcs, qu'il commençait par massacrer et brûler pour mieux les dépouiller. Je veux l'initier aux premiers actes de ce parjure, de ce tyran, pour lui inculquer qu'un Waterloo, et une troisième invasion sont en perspective par la similitude qui existe entre l'oncle et le neveu jusqu'à ce jour. Avec cette seule exception que M. Louis Bonaparte n'a point encore fait enlever du sol Anglais le Prince de Joinville, comme son oncle, le Duc d'Enghien du Duché de Bade; mais bientôt il fera assassiner nos braves généraux d'Afrique, la seule espérance de la France. Bonaparte premier qui ne devait pas révéler complètement au monde, et particulièrement à la France, l'esprit des Corses, l'esprit des Bonaparte; après avoir empoisonné des soldats Français à Jaffa, et renié sa religion au Caire; il a abandonné son armée en Egypte sans vêtemens, sans munitions, emportant les deux millions qui restaient dans la caisse: argent qui appartenait au soldat, car il était dû aux troupes quinze jours de solde, et huit millions aux fournisseurs: et s'embarqua incognito, pour venir à Paris pénétrer de vive force le 18 brumaire dans le sanctuaire des lois, en criant à l'assassinat, faire égorger par des soldats si non avinés, du moins égarés, ces prétendus assassins qui ne voulaient point lui livrer la France. Ce même Bonaparte quelque tems' après ourdit un complot et fit rouler sur la place publique la tête de trente innocents, tous jeunes et tous respectables, qui, enrôlés dans une conspiration par les décembrigands de cette époque, n'ont point eu le courage de venir à l'opéra, lieu désigné pour l'attentat; deux sur trente étaient présents, Aréna et Cerracchi, mais ils n'avaient point sur eux le poignard qui leur avait été fourni. Le chef de cette conspiration simulée, un certain Harel, fût nommé gouverneur de Vincennes pour récompense de ce guêt à pens comme Magnan et St. Arnaud maréchaux pour les barricades et le meurtre des Boulevards; et le véritable chef, le Bourreau Bonaparte fût nommé consul à vie, comme son digne neveu fût nommé président pour dix ans après l'attentat du 4 décembre.

Le consul à vie après avoir profité de l'explosion d'un baril de poudre dans la rue St. Nicaise; complot machiné et exécuté par des légitimistes pour déporter 150 véritables patriotes de vrais Français dignes tous de commander à leurs concitoyens (les pourris, disait il), profita d'un nouveau complot tramé à l'étranger dont le chef était le fanatique et courageux Georges Cadoudal, pour frayer un chemin à sa jalousie, en impliquant dans le procès l'incorruptible Moreau, le chef de l'armée du Rhin, le vainqueur de Hohenlinden. Après l'avoir trainé sur la sellette, ce grand général Français, n'ayant point trouvé des juges assez partiaux pour le condamner à mort, il l'exila en Amérique. Pichegru le vainqueur de la Hollande, Bonaparte l'a torturé puis pendu dans sa prison; parceque ce compagnon d'Armes des Desaix, Dumouriez, de Dampierre, duc d'Orléans, Kleber, Joubert, Carnot, Hoche, Marceau, les chefs des Berthier, Murat, Moncey, Jourdan, Massena, Augereau, Soult, Brune, *Lannes*, Mortier, Davoust, Bessières, Kellerman, Lefèvres, Perrignon, Serrurier, Oudinot, Macdonald, Cambronne; Pichegru n'a point

voulu être, pour sauver sa tête, le diffamateur, le meurtrier du vainqueur de Rastadt, Biberach, Engen, Maess-
kirch, Hohenlinden; qui avait rejété de toute la force
de son indignation le coup d'état proposé par Sièyes,
executé par un insulaire. Repu du sang plébéien, que
fait ce monstre pour franchir la dernière marche du
trône, il fait enlever en pleine paix sur le sol étranger
par ses gendarmes à Ettenheim, l'unique descendant
du grand Condé, le duc d'Enghien et le fait fusiller
en pleine nuit dans les fosses de Vincennes, et pour le
comble de l'hideux, ce Corse ajoute l'hypocrisie au
crime, la lâcheté au meurtre, il déplore l'exécution.
Sa conduite avec les puissances étrangères révèle au
moins autant de cynisme. Le libraire Palm de Nu-
remberg fut exécuté pour n'avoir pas voulu nommer
l'auteur d'une brochure. Toussaint l'Ouverture fut
enlévé par trahison en Amérique, et a expiré dans un
cachot, après avoir supporté toutes les tortures des tems
surannés. En Prusse, après avoir débuté par insulter
déloyalement une reine belle, héroique et malheureuse;
des contributions et des exactions imaginées par le génie
de la fiscalité, achevèrent dans le pays conquis ce que
le pillage du soldat avait épargné. En Hollande, en
Allemagne, même système. Le 6 Août 1806 il écrivait
à son frère Joseph : " J'attends de savoir la quantité
de biens que vous avez confisqués en Calabre, et le
nombre de révoltés dont vous avez fait bonne justice.
Faites fusiller trois personnes par village des chefs de
révolte. La famille de Bragance de Portugal n'a
échappé aux oubliettes que par sa fuite au Brésil. Bonaparte à fait venir à Bayonne père, mère et fils du
sang royal d'Espagne; sous prétexte d'être leur protecteur, il fut leur geôlier, après avoir fomenté la
guerre civile dans ce pays de Charles quint, en sémant
d'abord par la politique la plus noire des germes de division dans la famille royale, où il avait été reçu en ami

et en allié, et dont les marins s'étaient sacrifiés pour l'honneur de la France à Trafalgar.[1]   A cette époque,

[1] En même tems qu'il déclarait à Bayonne au vieux Charles IV. la déchéance de sa famille du trône, Bonaparte faisait emprisonner le fournisseur Ouvrard, pour réclamer 200,000,000 fr. dus par l'Espagne ; où il est resté jusques en 1815.   Bonaparte forçait M. Bertin, la bouche d'un pistolet sur le front, de signer les articles des Débats, dont la rédaction était confiée aux de Cesenas du tems.   Bonaparte écrivait de sa propre main au directeur de la banque de France, que si le 5 pour cent. descendait au dessous de 80 fr. il serait fusillé dans les vingt-quatre heures, en lui donnant droit de vie et de mort sur les agents de change (Thiers).   Telles étaient les maximes du sauveur de l'ordre, de la réligion, et de la famille ; qui parlait avec la même facilité de paix, et de son horreur de la guerre, pour pomper l'or et le sang de la France, pour assouvir ses passions sanguinaires, que son cher neveu prêtait de serments à la république, et dans ses manifestes, et dans ses messages à l'Assemblée, et dans ses discours à Caen, à Ham, pour effectuer son 2 Décembre.   Bonaparte souffleta son Morny, le cul-de-jatte de Talleyrand, en pleine reception aux Tuileries pour s'être permis une réflexion sur sa politique d'Espagne.   Sur une observation de ses esclaves, par rapport à Fouché, il repondit : "Attendons ma première victoire ; les crieurs publics en annonçant le lendemain dans les rues le triomphe de nos armes, apprendront en même tems au peuple l'exécution de Fouché : la nouvelle se perdra au milieu des cris de victoire ; personne ne murmurera (Lamartine)."   Procédés naturels des Bonaparte. Tel aurait été le sort de bien d'autres, si Wellington n'eut point été à Waterloo.   Inutile de mentionner les douze têtes qui ont roulé sur la place publique, avec celle du général Malet, moins heureux que M. L. Bonaparte après Strasbourg et Boulogne.   A la vérité, ce général de la république, emprisonné depuis quatre ans pour avoir protesté contre le guet à pens de Bayonne, voulait délivrer la France de son bourreau au moment où 600,000 Français, les vainqueurs de Moscou, l'honneur de notre chère patrie, par son ineptie et son inertie disparaissaient sous les neiges de la Russie.

Fragments de lettres de Bonaparte à son frère Joseph, roi d'Espagne :—

"Valladolid, 10 Janvier.—Je ne suis pas content de la police de Madrid ; Belliard est trop faible.   Avec les Espagnols il faut être *sévère*.   J'ai fait arrêter ici 15 des plus méchants, et je dans son infatuation Corse n'a-t-il pas prétendu fermer sans un seul vaisseau tous les ports du monde au commerce Anglais? il a enrichi le peuple qu'il prétendait ruiner. À la vérité, son blocus continental n'est pas plus absurde qu'une lutte contre les élémens, et ne l'a-t-il pas tentée à l'approche de l'hiver dans les champs de Moscou? Bonaparte, dont tous les forfaits décèlent une nature étrangère à la France, a fait enlever à Gand, *en pleine nuit*, Maurice de Broglie de son palais épiscopal, comme son digne neveu a ravi le brave Lamoricière, l'enferma à Vincennes, et après une dure captivité, l'envoya à l'île St. Marguerite. Bonaparte, au milieu des murs de Vienne, a forcé son ennemi

les fais fusiller. Faites en arrêter une trentaine à Madrid. ... Quand on les traite avec douceur *cette canaille* se croit invulnérable. Quand on en pend quelques-uns, elle commence *à se dégoûter du jeu* et devient soumise et humble, comme elle doit l'être."

Autre lettre : "L'operation qu'a faite Belliard est *excellente* (cent arrestations) ; il faut faire pendre à Madrid une *vingtaine* des plus mauvais sujets. Demain, j'en fais pendre ici sept connus par tous leurs excès, dont la présence effrayait *les honnêtes gens* (les Vérons-Mornys, toujours les honnêtes gens), qui les ont dénoncé secrètement ... Sur ces cent, faites *en pendre ou fusiller douze ou quinze*, et envoyez le reste en France, aux galères."

Autre lettre : "La cour des Alcades de Madrid a acquitté, *ou seulement condamnés à la prison*, une trentaine *de coquins* que Belliard avait fait arrêter : il faut nommer une commission militaire pour les juger de nouveau et faire fusiller les coupables ... *Les honnêtes gens* (les de Cormenins-Persignys) ont besoin d'être *encouragés*, et ce ne peut être qu'en les protégeant contre la *canaille*. Ici ils ont fait l'impossible pour obtenir la grace. Des *bandits* qui ont été condamnés ; j'ai refusé, j'ai fait pendre."

Autre lettre : " ... La populace de Madrid ne sera jamais *sage* que lorsqu'elle sera bien tenue. Faites mettre en *retiro* des pièces de 24, et des mortiers ; cela rendra la ville *souple et douce*."

Oh ! civilisateur ! oh ! génie !

vaincu, l'Empereur d'Autriche à lui donner sa fille unique comme concubine, et a relégué auprès de Paris Josephine la veuve du général Beauharnais qu'il avait épousé pour acheter la protection de Barras, qu'il fit jeter en prison le 18 brumaire comme témoignage de reconnaissance pour lui avoir confié le commandement de l'armée d'Italie. Français, vous connaissiez le résultat de tout le machiavélisme, de ce parjure qui employait également le méchant et l'honnête homme, qui mêlait à dessein le vice et la vertu, et qui prenait toujours soin de vous placer en opposition de vos principes et dont le grand plaisir était de *déshonorer la vertu, de souiller les réputations,* et qui ne vous touchait que pour vous flétrir, et dont les conséquences de son 18 brumaire après maints crimes pour établir un pouvoir absolu furent deux invasions, comme liquidation de ce règne de sang.[1] Cependant des Français furent assez insensés pour prôner l'élection de son digne neveu, particulièrement des légitimistes, du saltimbanque de Strasbourg et de Boulogne; tout dégouttant du sang du fils du duc de Bourbon, non, partisans de l'absolutisme, vous n'êtes pas les fils des Villars, des Vendôme, des Catinat, des Luxembourg le tapissier de Notre

---

[1] Chateaubriand disait avec raison, "que le premier Bonaparte a plus corrompu les hommes, plus fait de mal au genre humain, dans le court espace de dix années que tous les empereurs de Rome, depuis Néron jusques au dernier persécuteur des Chrétiens," car ils commettaient tous leurs crimes ostensiblement, tandisque les Bonaparte ont le talent en machinant les plus exécrables forfaits, de leur donner une apparence d'utilité publique: à la vérité, ils font leur ascension dans ces moments de terreur, où il est facile d'égarer l'homme de bien. Le système actuel prouve qu'ils sont nombreux en France, mais s'il durait, il prouverait justement le contraire, ou une grande lâcheté. L'attitude hostile de nos hommes éminents est un gage certain de l'écroulemeut prochain de cette dynastie, des Héliogabales du dix-neuvième siècle.

Dame, des Turenne, des Condé, vous mourriez de honte ; car pour les fils de ces valeureux soldats l'honneur de la France, de leur patrie était le principal mobile. Ils n'auraient certainement jamais prêché l'élection du neveu du bourreau du dernier rejeton du vainqueur de Lens, de Norlingue, de Fribourg, de Rocroy, du grand Condé. Du neveu du renégat; qui a frappé du pied comme un mauvais chien le chef de la religion de St. Louis. Vous ne serez pas assez lâches, prôneurs de la dîme pour pactiser avec une troisième invasion. Partisans du droit divin chaque libelle divulge les menées royalistes, chaque brochure éclaire les masses, chaque jour de retard vous fait perdre un terrain immense, et précipite votre cause dans un péril imminent; on commente déjà votre sollicitude et action en 1848 en faveur de l'élection de M. L. Bonaparte, les nombreuses adhésions après le 2 Décembre et particulièrement la satisfaction générale de votre parti. De ces commentaires découlent naturellement ces reminiscences, que les Bourbons étaient rentrés en France portés sur les flots de l'invasion, dont ils furent comme l'écume. Ils avaient rendu la France vassale de l'Europe et la main de leurs ministres ne s'était pas sechée en signant les traités de 1815. Ils avaient ramené au sein de la patrie en deuil des milliers de gentilshommes, race orgueilleuse, et le clergé, caste envahissante. Ils avaient débuté par des proscriptions et l'ombre de Michel Ney, se dressait contre eux, les accusant d'assassinat. 6000 officiers imberbes avaient usurpé les fonctions de nos vétérans balafrés, qui avaient promené notre drapeau dans tous les coins de l'Europe. L'immortel de Lamartine, tire Manuel de la tombe et nous montre les fauteurs de l'inquisition, chassant ce grand orateur de la chambre sur quelques mots d'une phrase inachevée, qu'ils interprétaient à leur guise; et dans cette expulsion inouie, combattue par toutes les illustrations de l'époque au nombre de cent (tout libéral y vit le prélude des journées de Juillet), dont le triomphe aurait certainement ramené tous les droits (tel est le mot consacré) des classes privilégiées, les corvées seigneuriales, les mains mortes, et autres servitudes personelles, jusques aux charges publiques, supportées seulement par les roturies et l'impôt payé par les vilains. Fusionistes, vous n'attendrez pas que les Prussiens, les Autrichiens, les Russes apportent aux Tuileries Henri V. Sachez que la France n'est pas épuisée comme en 1814 et en 1815; six millions de ses enfants ne son pas restés sur les champs de bataille. Carlistes, votre rôle d'infame est devenu ridicule, stupide, on se joue de vous comme du clergé: témoin la culotte courte, les titres, puis, puis. Plus on vous pousse subtilement à la dégradation (Larochejaclin et son procès), certes le moment ne peut pas être réculé que vous sentirez les stigmates de votre honte d'avoir donné la main à M. Louis Bonaparte pour déshonorer la France. Le sang du duc d'Enghein fera renaître dans vos cœurs autrefois si nobles toute cette vigueur, tout ce feu des descendants des soldats de Philippe Auguste, qui offrait de mourir en soldat et de laisser la couronne au plus capable. Vous donnerez l'impulsion, et vous vous montrerez dignes de vos aïeux; et vous serez à juste titre fières de signer votre nom. D'ailleurs pour tout Français qui a quelque sentiment, pour tout Français qui a du cœur, pour tout soldat qui a versé son sang pour la patrie, et qui est prêt à le donner, il ne doit plus y avoir qu'une idée, qu'un désir, qu'une volonté, renverser les armes à la main, le tyran, le despote, le brigand, qui a déshonoré mon pays. Français, aux armes, il n'y a plus de partis, tout homme qui prone une opinion doit être considéré comme traître à la cause commune et vendu à M. Louis Bonaparte, car l'existence de ce dernier est basée seulement sur la scission, que tous ses soudards cherchent à entretenir en France, comme parmi les refugiés. Français, il n'y a plus qu'une sainte cause, l'honneur de la France, aux armes, à bas l'imposteur, à bas le parjure, à bas le spoliateur, à bas le faussaire, à bas l'assassin, à bas le neveu du lâche qui a abandonné à Waterloo son armée sublime de dévouement, admirable de courage; invincible avec Condé, victorieuse avec Marceau, conquérante avec Moreau, Hoche et Pichegru, invincible avec Lamoricière, Bédeau, Changarnier, Charras, Leflo, et Cavaignac; aux armes, Français! Les Français une fois libres se réuniront immédiatement dans leurs comices et désigneront 500 députés *pour élaborer la constitution proposée.* Eugène Cavaignac qui a déjà si scrupuleusement deposé au sein de l'Assemblé un pouvoir illimité vous répond sur sa tête de la securité; et sur son honneur, qui lui est cher, que les vœux de ses concitoyens seront respectés, pour asseoir un gouvernement qui assurera à tout Français sa liberté et sa propriété, et à l'armée son honneur.

Aux armes Français !
Aux armes !
Vive la France !
Vive la liberté !
Vive l'armée !

RELEVÉ DES DÉPENSES D'APRÈS DES DOCU-
MENTS AUTHENTIQUES DU GOUVERNEMENT DU
SAUVEUR DE LA SOCIÉTÉ EN ATTENDANT LA
GUERRE.

Annuellement, 100,000,000, en sus de celui de Louis
Philippe ; après trois ans, 300,000,000 ; après dix
ans, 1,000,000,000, constituant les dépenses nor-
males.
Déficits de MM. les ministres irresponsables, naguère
insolvables :—
M. L. Bonaparte voulant son Trafalgar, il faut doubler
le matériel de notre marine (le personnel est déja
augmenté d'un quart), j'inscris 20,000,000 fr. pour
le ministère de la marine.
Le ministère des affaires étrangères avec ses ambassa-
deurs, aimant le clinquant et possédant chacun de
1000 à 500 mouchards pour surveiller les tentatives
des proscrits, acheter les uns et sémer la scission parmi
les autres par la délation et particulièrement pour préparer le coup Européen. Et les atéliers impériaux du
condamné à vingt ans de Fialin les 200,000 espions
répandus sur tout le territoire, organisés militaire-
ment sous le nom de sociétés fraternelles de secours
mutuels. Je mets pour le premier 40,000,000 fr., car
40,000,000 fr., $\dfrac{\mid 20{,}000}{2{,}000\,\text{fr.}}$ espions ; 2,000 fr. par tête :
à Londres c'est l'indispensable. Idem 40,000,000 fr.
pour les sociétés fraternelles de secours mutuels, car
40,000,000 fr., $\dfrac{\mid 200{,}000}{200\,\text{fr.}}$ communistes ; 200 fr. par
tête, et les maîtres et contre maîtres. Je suis donc bien
au dessous de la vérité. Et l'espionnage sur chaque

frégate à vapeur sur chaque vaisseau, car l'enthousiasme de nos vaillants et francs marins est peu ardent
pour l'élu de la providence. Et dans notre armée
de terre, particulièrement en Afrique, où depuis le
soldat jusques au général tous ne parlent de rien
moins que de l'empaler à la première occasion. Et
dans tous les régimens sur la frontière de Belgique,
disciplinés et épurés ad hoc; car leurs anciens chefs
si estimés, si regrettés, sont à quelques pas.

Français, je laisse le chiffre à votre sagacité. Jugez
déjà de notre passif.

Les conséquences immédiates du coup d'état ont été
certainement l'aliénation par anticipation; des recettes exceptionnelles: de la vente du chemin de fer
de Lyon, de la prorogation de jouissance de celui
du Nord, des 35,000,000 fr. des forêts nationales et
des 200,000,000 fr. des propriétés de la famille
d'Orléans.

Projets en exécution par département.

Mes documents me fournissent un chiffre que je
n'ose inscrire. La seule ville de Paris en est pour
plus de 250,000,000 fr.

MM. les communistes blancs et MM. les communistes
rouges, M. Louis Bonaparte est bien votre homme;
il justifie admirablement votre choix de 1848.
Aussi D'Hautpoul et de Castellane, de Troplong et
de Baroche mettent dans leurs sacoches 200,000 ou
300,000 francs chacun, en criant, "Vive Bonaparte."
Les thuriferaires et les pusillanimes de l'armée
heureusement peu nombreux acclament, "Napoléon
III.," en pointant l'hôpital. Tous les banqueroutiers,
rehabilités ou non applaudissent au coup d'état en
vociférant, "Vive le sauveur de la société!" Tous
ces prétendus socialistes, émargeant plus ou moins,
chaque mois; jurent fidélité non à l'homme mais
au système inauguré depuis décembre et beuglent,

"Vive l'empereur !" Tous les gens tarés de toutes les classes de la société ; de la ville, et de la campagne, tout en méditant leur deux décembre, hurlent, "Vive l'empereur !" Tous les communistes dont les chefs composent la bande noire de sa majesté, gueulent, "Vive l'empereur ; vive Louis Bonaparte, l'invasion, la banqueroute, et la guerre civile !"

Français !
trouverez vous jamais un plus beau jour pour mourir pour la patrie !

La première edition a paru en Juin 1853. L'ouvrage a été redigé en Mars 1853. L'auteur ayant écrit (fin de 1852) "Les deux Coups d'Etat et leurs Conséquences," et par respect à la loi Faider, n'ayant pu publier que "Le Coup d'Etat du 18 Brumaire et ses Conséquences," il a resumé ses réflexions sous le titre de " M. Louis Bonaparte au Confessionnal."